必ず成功する！新展開の道徳授業

鈴木健二

日本標準

はじめに

「先生のプランで道徳の授業をすると，子どもの反応がちがうんです」
「先生が開発した道徳の授業プランをたくさん知りたいです」
「どうしたら，道徳の授業を自分で創ることができるようになりますか」
　道徳授業を何とかしたい，と願っている教師から聞いた言葉です。
　こんな教師の思いに応える本を書きたい。
　子どもの心に響く道徳の授業が，どの教師にもできるようにしたい。
　それが，本書の出発点でした。
　これまで300本近くの道徳授業を開発してきました。本書には，その中から厳選した33本を収めました。
　一つ一つに，開発のドラマがあります。どんなきっかけで素材を発見したのか，どうやって教材化したのか，なぜその発問を思いついたのか。そのようなドラマをあますことなく書きました。企業秘密まですべて公開したというわけです。
　そうすることによって，「道徳の授業を自分で創りたい」と願っている教師の思いにも応えることができるのではないか，と考えました。
　本書を書いている間にも，おもしろい素材をいくつも発見しました。道徳授業の開発は，さらに加速しそうです。
　本書を活用することによって，「道徳の授業っておもしろい！」と言ってくれる子どもが一人でも増えたらうれしく思います。

　2014年7月

鈴　木　健　二

目　次

はじめに ………………………………………………………………………………… 3
本書の使い方 …………………………………………………………………………… 6

第1章　素材を発見しよう

01 新聞は，素材の宝庫だ！
　　　また会いたいと思ってもらえる人になる [高学年] ……………………… 10

02 ポスターで思考を刺激せよ！
　　　自分の町をPRしよう [中学年] [高学年] ………………………………… 14

03 絵本の魅力で心をつかめ！
　　　もったいないってなあに？ [低学年] [中学年] ………………………… 18

04 心に響く歌詞で感動を生み出せ！
　　　新たな地平線をめざして [高学年] ……………………………………… 22

05 張り紙だって立派な素材だ！
　　　張り紙から見える公共マナー [中学年] [高学年] ……………………… 26

06 本から光る素材を発見せよ！
　　　人の悪口は言わない [中学年] [高学年] ………………………………… 30

第2章　出会いを演出しよう

01 資料で「えっ？」と驚かせる！
　　　ガマンしている人がいます [中学年] [高学年] ………………………… 36

02 常識をゆさぶってインパクトを与えよ！
　　　うかつあやまり [中学年] [高学年] ……………………………………… 40

03 認識を深めておもしろさ倍増！
　　　てとてとてとて [低学年] [中学年] [高学年] …………………………… 44

04 見方を変えてプラス思考！
　　　失敗と書いて成長と読む [中学年] [高学年] …………………………… 48

05 なぞ解きで気持ちをつかめ！
　　　気持ちをカタチに [中学年] [高学年] …………………………………… 52

06 意外性の威力で驚きを！
　　　今の学びが未来をつくる [高学年] ……………………………………… 56

07 すごい人は身近なところにいる！
　　　ごみには人柄が表れる [中学年] [高学年] ……………………………… 60

第3章　考えたくなる発問をつくろう

01 共通点でスイッチを入れよ！
　　　おせちを食べる日だった [中学年] [高学年] …………………………… 66

02 考え方から発問を生み出せ！
　　　人生，なんどでも挑戦できる [高学年] ………………………………… 70

03 現状を問いかけて自分を見つめさせよ！
　　　元気のしるし [中学年] [高学年] ………………………………………… 74

04	意外性をいかして思考を深めよ！ **からだ大冒険** 中学年 高学年	78
05	具体的な問いで引きこめ！ **やさいのおしゃべり** 低学年 中学年	82
06	意表を突くパターンを問え！ **一番気持ちのいいあいさつ** 中学年 高学年	86
07	判断を迫って切実感を生み出せ！ **国境なき医師団** 高学年	90

第4章　全員参加させよう

01	自己評価が意欲を生む！ **のぼりに込めた願い** 中学年 高学年	96
02	追いこんで発言させよ！ **扉をたたき続けよう** 高学年	100
03	切り返して深い思考へ！ **ペイフォワード** 中学年 高学年	104
04	意思表示で関心を高めよ！ **「捨てる世紀」で終わるんですか** 高学年	108
05	グループ活動を活性化せよ！ **ゲテモノを捨てるな！** 高学年	112
06	立場の表明で参加させよ！ **「いただきます」は必要か** 高学年	116

第5章　意欲を引き出そう

01	資料掲示で意識の持続を！ **笑顔をつくる言葉かけ** 中学年 高学年	122
02	学級通信で家庭を巻きこめ！ **「でか足国」ってどこにある？** 高学年	126
03	実践の見える化で効果倍増！ **人の幸せが自分の喜びになる** 高学年	130
04	日常の重要性を実感させよ！ **毎日続けることで心が強くなる** 高学年	134
05	参観日で保護者を巻きこめ！ **エコの技** 中学年 高学年	138
06	脳のクセを知らせて行動を変えよ！ **あなたは公平ですか** 中学年 高学年	142
07	新たな行動のものさしで刺激せよ！ **してあげる幸せ** 中学年 高学年	146

授業プランの記事・書籍等一覧 ……………………………………………… 151

本書の使い方

授業の特長をキャッチなコピーで示しています。

授業のタイトルです。子どもの心に刻み込みたい大切な言葉で表現しています。

実践できる学年のめやすです。指導のしかたによってどの学年でも実践可能です。

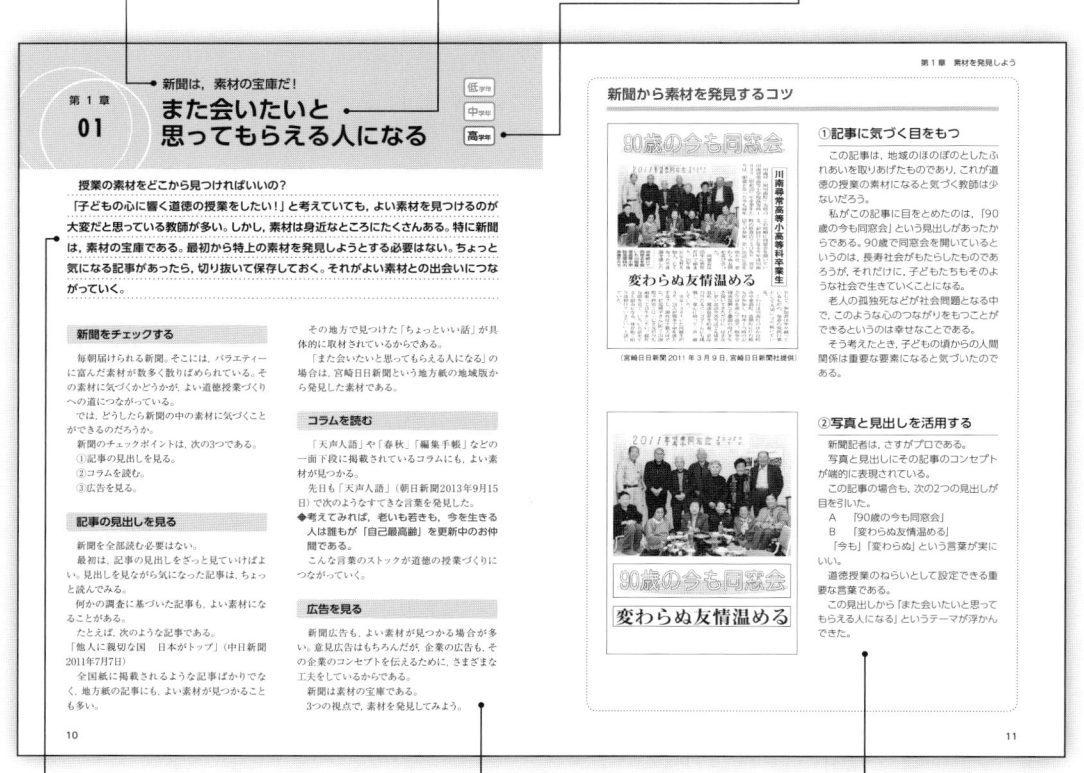

ここを読むと、どうして、この授業が成功するのかがわかります。

この授業ができるまでに考えたことを書いています。教材開発のヒントを発見できます。

授業づくりの過程を書いています。授業構成の重要なポイントを学べます。

本書の使い方

授業のねらいです。これを意識すると授業がブレません。

発問と子どもの発言です。授業の流れがシミュレーションできます。

子どもが大切なことをしっかりつかめる板書です。

発問や指導の意図です。
どうしてこうするのかがわかります。
指導のわざのコツがつかめます。

子どもの胸にストンとおちる授業のまとめ方がわかります。

第 1 章

素材を発見しよう

第1章 01

新聞は，素材の宝庫だ！
また会いたいと思ってもらえる人になる

[低学年] [中学年] [高学年]

授業の素材をどこから見つければいいの？

「子どもの心に響く道徳の授業をしたい！」と考えていても，よい素材を見つけるのが大変だと思っている教師が多い。しかし，素材は身近なところにたくさんある。特に新聞は，素材の宝庫である。最初から特上の素材を発見しようとする必要はない。ちょっと気になる記事があったら，切り抜いて保存しておく。それがよい素材との出会いにつながっていく。

新聞をチェックする

毎朝届けられる新聞。そこには，バラエティーに富んだ素材が数多く散りばめられている。その素材に気づくかどうかが，よい道徳授業づくりへの道につながっている。

では，どうしたら新聞の中の素材に気づくことができるのだろうか。

新聞のチェックポイントは，次の3つである。
①記事の見出しを見る。
②コラムを読む。
③広告を見る。

記事の見出しを見る

新聞を全部読む必要はない。

最初は，記事の見出しをざっと見ていけばよい。見出しを見ながら気になった記事は，ちょっと読んでみる。

何かの調査に基づいた記事も，よい素材になることがある。

たとえば，次のような記事である。
「他人に親切な国　日本がトップ」（中日新聞2011年7月7日）

全国紙に掲載されるような記事ばかりでなく，地方紙の記事にも，よい素材が見つかることも多い。

その地方で見つけた「ちょっといい話」が具体的に取材されているからである。

「また会いたいと思ってもらえる人になる」の場合は，宮崎日日新聞という地方紙の地域版から発見した素材である。

コラムを読む

「天声人語」や「春秋」「編集手帳」などの一面下段に掲載されているコラムにも，よい素材が見つかる。

先日も「天声人語」（朝日新聞2013年9月15日）で次のようなすてきな言葉を発見した。

◆考えてみれば，老いも若きも，今を生きる人は誰もが「自己最高齢」を更新中のお仲間である。

こんな言葉のストックが道徳の授業づくりにつながっていく。

広告を見る

新聞広告も，よい素材が見つかる場合が多い。意見広告はもちろんだが，企業の広告も，その企業のコンセプトを伝えるために，さまざまな工夫をしているからである。

新聞は素材の宝庫である。

3つの視点で，素材を発見してみよう。

新聞から素材を発見するコツ

（宮崎日日新聞 2011年3月9日，宮崎日日新聞社提供）

①記事に気づく目をもつ

　この記事は，地域のほのぼのとしたふれあいを取りあげたものであり，これが道徳の授業の素材になると気づく教師は少ないだろう。

　私がこの記事に目をとめたのは，「90歳の今も同窓会」という見出しがあったからである。90歳で同窓会を開いているというのは，長寿社会がもたらしたものであろうが，それだけに，子どもたちもそのような社会で生きていくことになる。

　老人の孤独死などが社会問題となる中で，このような心のつながりをもつことができるというのは幸せなことである。

　そう考えたとき，子どもの頃からの人間関係は重要な要素になると気づいたのである。

②写真と見出しを活用する

　新聞記者は，さすがプロである。

　写真と見出しにその記事のコンセプトが端的に表現されている。

　この記事の場合も，次の2つの見出しが目を引いた。

　　A　「90歳の今も同窓会」
　　B　「変わらぬ友情温める」

　「今も」「変わらぬ」という言葉が実にいい。

　道徳授業のねらいとして設定できる重要な言葉である。

　この見出しから「また会いたいと思ってもらえる人になる」というテーマが浮かんできた。

01 また会いたいと思ってもらえる人になる

ねらい 自分の今の言動が未来に大きな影響を及ぼすことを自覚し,自分の言動をよりよいものに変えていこうとする意識を高める。（2-③友情・信頼・助け合い）

90歳の同窓会

> 導入では余計な言葉は発せず,いきなりメインの資料に出会わせることによって,関心を高める。

　授業開始と同時に写真を示す。
　全員起立させて,気づいたことがあった子から座らせる。座ったら,2つめ3つめを考えるように指示する。
　・お年寄りの集まりみたい。
　・同窓会と書いてある。
　・何歳かな？

> 全員起立させることで考えざるを得ない状況をつくる。

などという考えが出されるだろう。
　そこで,新聞の見出しを示し,以下のことを説明する。
　・川南尋常高等小高等科を1935年に卒業した人の同窓会。
　・1965年に第1回,10年後に女性も参加,2011年に46回目を迎える。

> 同窓会がどのようなものなのかを,友だちの発言等から,学級全員に理解させ,次の展開にいかす。

「同窓会では,どんな話をするのでしょうか」と問いかけ,昔の思い出話が中心であることを確認する。

①何のために,同窓会をするのでしょうか。
　・昔を懐かしく思い出すため。
　・友だちとの友情を確かめるため。
などという意見が出されるだろう。
　そこで,新聞の見出しを提示して問う。

②「変わらぬ友情」とは,どういう意味ですか。
　この見出しによって,同窓会では,子どもの頃からの「友情」を大切にしているということを印象づける。

ある教育長の話

> 会いたくないと思われている人がいるという事実を伝えることで,切実感をもたせる。

「宮崎県内のある町の教育長さんから聞いた話です。その教育長さんたちも,同窓会をしているのだそうです。ところが,同窓会に呼ばれない人がいるのだそうです」

③どうして,同窓会に呼ばれないのでしょうか。
　考えを書かせて発表させる。
　・きらわれているからではないか。
などという意見が出されるだろう。
「そうなんです。その人は,小学校の頃から,まわりの人にいやなことをしていたそうです。だから,何十年たっても,みんなその人に会いたくないのだそうです」

④教育長さんの話から,どんなことが学べますか。
　少し自分で考えさせたあと,近くの者同士で話し合わせ,何人かに発表させる。次のような考えが出されるだろう。
　・小学校の頃から,自分の行動には気をつけないと,大人になってから仲

第1章　素材を発見しよう

【板書】

```
また会いたいと思って
もらえる人になる

[新聞の写真と見出し]

いやなことをされた記憶は、
いつまでも残る。

→ 今の自分が、
　未来の自分をつくる。

また会いたい人とは？
・やさしい人
・思いやりがある人
・人のためにがんばる人
```

　　　間に入れてもらえなくなる。
　意見を受けて，次の言葉を示し，音読させる。
　いやなことをされた記憶は，いつまでも残る。
「つまり，今，自分がしている行動が，未来に影響を与えるということです」と言って，次の言葉を示し，音読させる。
　今の自分が，未来の自分をつくる。

> 音読させることによって，重要な言葉を強く印象づける。

また会いたい人とは？

⑤**何年たっても，「また会いたいなあ」と思ってもらえる人は，どんな人でしょう。**
　自分の考えを書かせたあと，発表させる。
　・優しい人，思いやりがある人，人のためにがんばる人。
などという意見が出されるだろう。
⑥**自分は，「また会いたいなあ」と思ってもらえる人になっているでしょうか。**
　4段階で選ばせて，理由を書かせる。

> 次の4段階である。
> 　4…なっている
> 　3…まあまあ
> 　2…あまり
> 　1…ぜんぜん
> これを選ばせて，理由を書かせることによって，自分を振り返らせるきっかけにする。

また会いたい人

「○年○組には，先生が，『また会いたいなあ』と思っている人が何人もいます。その中から，2つだけ見せます」と言って，写真を示し，理由を問う。
　・人のために昼休みもがんばっているから。
　・女子の中に男子1人だけでも，恥ずかしがらずにがんばっているから。
というような考えが出されるだろう。
「4だと思う人は，これからも4のままでいられるようにするには，どうすればいいか，3・2・1だと思う人は，4に少しでも近づくためにはどうすればいいか，書きなさい」
　最後に，もう一度，同窓会の写真を示し，「このクラスが，こうなるといいなあと思っています」と言って，次の文字を示し，授業を終える。
　　20△△年　○○小○年○組同窓会

> 身近なところに，すばらしい人がたくさんいることに気づかせるとともに，どんな人が「また会いたいと思ってもらえる人」なのかという視点を与える。

> 冒頭の写真に，学級の子どもたちが90歳になる年号を入れて提示し，余韻を残して授業を終える。

第 1 章 02 自分の町を PR しよう

ポスターで思考を刺激せよ！

低学年 / 中学年 / 高学年

ポスターが素材になるの？
学校には，さまざまなところからポスターが送られてくる。しかし，掲示板に無造作に張られるだけで，活用しようとする教師はあまりいない。ポスターの標語や写真，イラストなどには，子どもの思考を刺激する要素がたくさん詰め込まれている。

ポスターを見る

掲示板には，ポスターが張られている。
ポスターがあったら，とりあえず見てみよう。きっとおもしろい発見がある。
この授業で取りあげたのは，駅の掲示板で見かけたポスターである。
特別めずらしいポスターではない。地元の新聞販売店会等が，自分の住む町をアピールするための写真や絵画を募集しているポスターである。
このような何気ないポスターにも，素材になる可能性が秘められている。

電車で発見したポスター

電車などの乗り物にもポスターが張られている。先日発見したのは，三重県の警察官募集（平成25年）のポスターだった。そのポスターには，ど真ん中に次の言葉があった。
「眼差」
いったい何のことだろうと思いながらポスターを見た。
そこには，いろいろな場面での警察官の眼差しの写真が，次のような言葉とともに配されていた。
「厳しさ」「確かさ」「凛々しさ」「優しさ」「温もり」「鋭さ」

眼差しに，このような視点があったことにはじめて気づくことができた。
このポスターは，いろいろな人やモノに対する眼差しを考えさせる道徳の授業の素材になる。

学生でも発見できる

ポスターも素材になるという意識をもつと，大学院生でも発見できるようになる。
以下に示すのは，私の研究室の学生が，駅で発見したポスターである。

（近畿日本鉄道「空席状況を調べる仕事は，プレゼントを準備する仕事でした。」）

この学生は，教育実習で，このポスターを素材にした道徳の授業を創った。

ポスターを活用するために

(「わたしの刈谷展」ポスター 2011年3月10日)

細分化

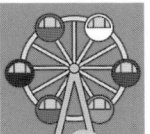

①細分化する

　ポスターには、いろいろな情報が詰め込まれている。ポスターを活用するための第一歩は、構成要素を細分化することである。

　細分化することによって、一つ一つの情報を明確に把握することができる。

②意味を考える

　細分化したら、次に行うのは、一つ一つの要素の意味を考えることである。

　たとえば、「わたしの刈谷展」という要素の意味を考えてみよう。意味を考えるときのポイントは「なぜ」である。

　なぜ「わたしの」なのか、と考えるのである。なぜ「みんなの」ではないのか、と考えることもできる。

　このように考えていくと、刈谷市に住む一人ひとりの町の捉え方を大切にしたいという意図が見えてくる。

③重要な要素を見抜く

　それぞれの要素の意味を考えたら、どれが重要な要素なのかを見抜く。

　それがポスターのコンセプトであり、授業で活用できる視点となるからである。

　最も重要な要素は、「わたしの刈谷展」と「テーマ：好きです！〜やさしい刈谷・美しい刈谷・力強い刈谷・夢ある刈谷〜」の2つであろう。

④ポスターを活用する3段階

　細分化する→意味を考える→重要な要素を見抜く。

　この3段階でポスターを分析していくと、授業プランが見えてくる。

02 自分の町をPRしよう

ねらい　今まで意識していなかった自分の町のよさに気づき，よさをアピールして，もっと自分の町を大切にしたいという気持ちを高める。　(4-⑤, ⑦郷土愛)

気づいたことは？

授業開始と同時に，ポスターを提示する。

①気づいたことは何ですか。

次のようなことが出されるだろう。
- 車や観覧車，花の絵がある。
- 「わたしの刈谷展」という大きな文字がある。
- 刈谷って，どこかな。
- 絵や写真を募集するポスターだ。
- 好きです！　というテーマがある。
- 好きです！　のあとに，4つの例が書いてある（やさしい刈谷・美しい刈谷・力強い刈谷・夢ある刈谷）。

子どもの疑問や反応をもとに，必要な情報を補足する（たとえば，愛知県刈谷市の新聞販売店会等が作ったポスターであることなど）。

②ポスターの中でいちばん大切な言葉はどれだと思いますか。

次の言葉が出されるだろう。
- わたしの，刈谷，好きです，など。

出尽くしたところで，1つ選ばせて挙手させ，理由を発表させる。自分たちの町に対する思いが表れているという趣旨の意見が多く出されるだろう。

> 気づきを多く出させることによって，ポスターに含まれる情報を学級全員に共有させる。

> 重要な点に対する疑問が出された場合には，学級全体に返して考えさせる。

> 「いちばん大切な言葉」という焦点化した思考を促すことで，ポスターの意味を感じとらせていく。

目的を考えよう

ポスターを構成している情報を十分に共有したところで，発問する。

③このポスターは，何のために作られたのでしょうか。

子どもの発言をもとに，目的を次のようにまとめていく。
- 自分たちの町のよいところを絵に描いたり，写真に撮ったりして，もっと好きになるようにしようという目的で作られたポスターである。

> ②で出されたキーワードをもとにした意見が出されるだろう。それらを整理してまとめていく。

自分の町で考えると？

「わたしの刈谷展」の刈谷を，子どもたちの住んでいる区市町村の名前に変えてポスターを示す。

④自分の町のポスターだったら，好きです！　のあとに，どんな言葉を入れますか。3つ以上考えましょう。

自分の町の特色をもとに，さまざまな言葉が出されるだろう。
- 自然いっぱい，楽しい，おいしい，すてきな，など。

出された言葉はすべて板書し，いろいろな視点があることに気づかせる。

第1章　素材を発見しよう

自分の町をPRしよう

いちばん大切な言葉
・わたしの
・刈谷
・好きです

目的は？
自分たちの町をもっと好きになるように作られたポスター

好きです！
・自然いっぱい○○
・楽しい○○
・おいしい○○
・すてきな○○
・誰にでもやさしい○○
・住みやすい○○
・安心できる○○

【板書】

⑤ 出された言葉の中で、いちばん気に入った言葉を1つ選んで、理由も書きましょう。

　ワークシートに選んだ言葉と理由を書かせる。
　作業を見てまわり、どのような理由を書いているか把握する。よい理由を書いている子がいたら、声をかけてほめる。全員が書き終えたところで、選んだ言葉に挙手させて、理由を発表させる。

```
わたしの○○展
　※選んだ言葉
理由

　※選んだ言葉にふさわしい
　　絵を描く。
```

> 同じ言葉を選んでいても、いろいろな理由があることに気づき、自分の町を見る目が広がるだろう。

> 絵を描かせることで、自分の選んだ言葉のイメージをふくらませる。

絵を描こう

⑥ 自分の選んだ言葉にふさわしい絵を描いてみましょう。

　簡単な絵を描かせる。時間がある子には、色えんぴつで色をぬらせてもよい。
　考えた自分のアイデアをグループで発表し合う。
　最後に、学級全体に紹介したいアイデアをグループから1つずつ紹介させる。

> できあがったワークシートは、しばらく教室に掲示する。

発展と応用

　この授業は、道徳の時間だけで終わらせず、図画工作の時間や総合的な学習の時間と連動させて、実際に絵を描かせたり、写真を撮ったりする活動を行い、「わたしの○○展」コンクールを行うこともできる。
　また、「わたしの○○展」を、「わたしの学校展」「わたしの家族展」などにすれば、愛校心や家族愛を目標とした授業にも応用できるし、「わたしの学級展」にすれば、学級づくりにもいかすことのできる授業となる。

第1章 03

絵本の魅力で心をつかめ！
もったいないってなあに？

[低学年] [中学年] [高学年]

絵本の魅力

絵本は，素材の宝庫である。子どもから大人まで，年齢に応じて，さまざまな受け止め方ができるすぐれた素材である。簡潔で心に響く文章とインパクトのある絵をどういかすか。それが，絵本の魅力を引き出せるかどうかの大きなポイントとなる。

絵本は質の高い素材

絵本は，質の高い素材である。
それは，以下の理由による。
①深い内容が平易な言葉で表現してある。
②絵だけを見ても内容が理解できる。
③テーマが明確である。
④子どもをひきつける構成が工夫してある。
だから，あまり手を加えなくても，そのまま活用できる。このようなすばらしい素材を活用しないのは「もったいない」。

絵本を買おう

数多くの絵本の中から，授業の素材となるものを発見するためには，自分で読んでみるしかない。そのためには，毎月のように書店に並ぶ絵本の新刊をチェックするとともに，目利きが紹介している絵本ガイドなどを活用するとよい。
柳田邦男氏は，大人も毎月1冊の絵本を買おうと提唱しているが，教師であれば，なおさらのことである。

絵本を楽しむ

絵本を購入したら，まずは，1人の読者として楽しみたい。
絵本には，子どもをひきつけるさまざまな工夫が凝らしてある。その工夫をじっくり味わうことで，授業づくりのヒントを得られることも多い。

ここで取りあげた『もったいないばあさん』（真珠まりこ作・絵，講談社）も，「もったいない」と思えるさまざまな場面が取りあげられており，読みすすむにつれて，「もったいない」とはどういうことなのかが具体的にイメージできるように構成してある。

場面を選択する

絵本によっては，授業でそのまま全部活用できる場合もあるが，多くの場合，いくつかの場面を取りあげて，ねらいに迫ることになる。
ここで大切なのが，どの場面を選択するか，ということである。
この授業の場合には，次の2つの視点で選択した。
①意表を突く展開がある場面
②判断に迷う場面
①によって，子どもたちを絵本の世界に引き込み，②によって，テーマを深く捉えさせたいと考えたのである。

絵本のいかし方

インパクトを与える

場面を選ぶ

（真珠まりこ『もったいないばあさん』講談社）

関連づける

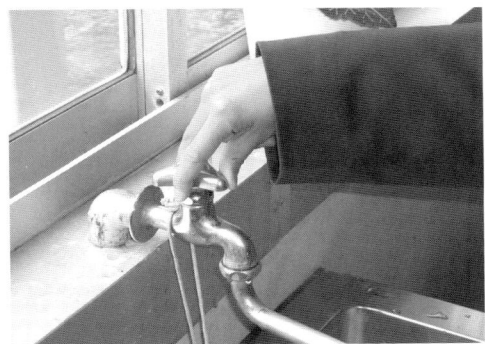

水がポタポタ落ちているのを止めた場面

発展させる

"MOTTAINAI" という言葉を
広めようとしていた
ワンガリ・マータイさんを紹介する。

①絵本の展開を楽しむ

絵本のおもしろさは，奇想天外な展開にある。

最初に提示する場面も，もったいないばあさんの思いがけない行動（男の子の食べ残しをすっかり食べ尽くしたあと，顔のまわりについたごはん粒まで食べてしまう行動）が，大きなインパクトを与える。

この場面によって，「もったいない」と思うだけではなく，行動に移してこそ，意味があるということに気づいていく。

②判断を迫る

絵本の世界に引き込んだら，判断を迫る場面を選んで提示したい。

この授業では，3つの場面を選んで，「もったいないばあさんが現れるかどうか」を問いかけている。子どもたちは，それぞれの場面がもったいない状況なのかどうかを判断せざるを得なくなる。その後，絵本の展開をもとに「もったいない」と思ったら行動に移すことの大切さをさらに感じることになる。

③身近な行動と関連づける

絵本の世界から現実の世界に意識を向けさせるためには，「もったいない」と思ったことに対して行動している子どもが身近にいることを示したい。ここでは，たまたま廊下を通りかかった子が，蛇口から水がポタポタ落ちていることに気づいて，さりげなく水を止めた場面を取りあげた。これによって，ささやかな行動が大切であるということに気づく。

④世界に通用する言葉へ

「もったいない」を世界に通じる言葉にしたいと思っている人がいることを知らせ，「もったいない」という言葉の重要性を強く認識させたい。

03 もったいないってなあに？

ねらい　絵本をもとに，もったいないの意味を捉えさせ，もったいないという思いをもって生活しようとする気持ちをもたせる。　(1-①節度・節制)

もったいないばあさん

　授業開始と同時にもったいないばあさんの絵を示して，「このおばあさんは，こんなふうに呼ばれています」と言って「もったいないばあさん」の文字を示す。

① 「もったいないばあさん」ってどんなおばあさんなのでしょう。
　・すぐ「もったいない」と言うおばあさんかな。
　・ものを大切にするおばあさんかも。

② 「もったいない」という言葉を使ったことがありますか。

　「無駄にするのがおしい」という場合に使う経験と結びつけて理解させ，もったいないことをしている人のそばに現れるおばあさんであると説明する。

> 知っている子がいれば，おばあさんの名前を言わせたあと，文字を示す。

> 友だちの経験を聞くことによって，「もったいない」の意味を理解させていく。

「もったいないばあさん」は現れるか？

　食べ残しをしている男の子のイラストを見せて，発問する。

③ 「もったいないばあさん」は現れるでしょうか。

　現れると思う人は○，思わない人は×をつけさせる。ほとんどの子は○をつけるだろう。理由を問えば，「ごはん粒やおかずを残しているから」などという意見が出されるだろう。そこで，「おなかいっぱいになったのだから残してもいいんじゃないですか」とゆさぶりをかけて，「このままではもったいない」ということを意識させたあと，「みんなの予想どおり，もったいないばあさんは現れました」と言ってばあさんを出現させる。

④ おばあさんはどうすると思いますか。

　思いついたことを言わせたあと，食べ残しを食べるおばあさんの絵を見せる。そして，「このおばあさんは，これだけでは終わりません。さらにどんなことをすると思いますか」と問いかけ，予想を言わせてから続き（男の子の顔にくっついたごはん粒まで食べている絵）を見せる。

> まずは，判断しやすいイラストから考えさせることで，どの子も授業に参加できるようにする。

> 「残してもいいんじゃない」と切り返すことによって，「もったいない」という思いを強く引き出す。

> もったいないばあさんのおもしろい行動を少しずつ見せて，絵本の展開を楽しむようにする。

「もったいないばあさん」が現れるのはどの場面？

⑤ 3つの場面を見せます。どの場面に現れるか考えましょう。
　A　水を出しっぱなしにして歯磨きをしている。
　B　短くなった色えんぴつを捨てている。
　C　食べ終わったみかんの皮をごみ箱に捨てている。

　ワークシートに現れると思えば○，現れないと思えば×をつけ，理由を書かせる。挙手で人数を確認し，○の多いものから理由を発表させていく。
　Aはほとんどの子が現れると予想するだろう。
　そこで，続き（もったいないばあさんが，コップ1杯だけの水を差しだしているイラスト）を示し，「もったいないばあさんは，『コップ1ぱいでたりるだろ。もったいないことするんじゃない！』と言っています」と説明する。

> 少し判断に迷うようなイラストを加えて，○か×かの判断を迫ることにより，思考を刺激する。

> ここでも，絵本の展開を楽しみながら，「もったいない」と言うだけでなく，行動に移すことが大切であることに気づかせていく。

第1章　素材を発見しよう

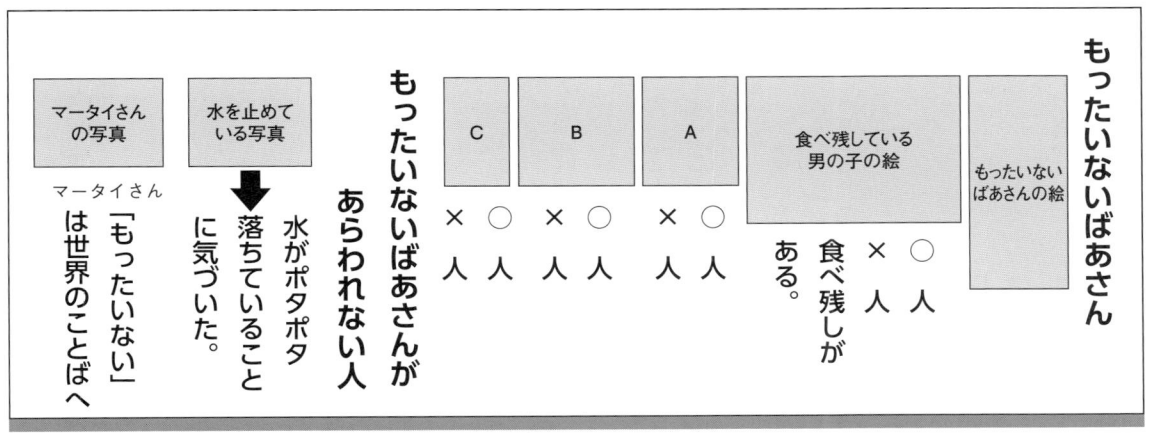

【板書】

　次に多いのがBだろう。意見を聞いたあと，短い色えんぴつをテープでぐるぐる巻いているイラストだけ示す。子どもたちは手を見て「現れた」と言うだろう。そこで「短いえんぴつをどうするのでしょうか」と問いかけ，予想させたあと，虹の絵を描いているイラストを示す。

　いちばん少ないのはCだろう。そこで，みかんの皮を干しているイラストを示す。「どういうことでしょうね。現れるのでしょうか」と言って少しじらしたあと，乾燥したみかんの皮をお風呂に浮かべているイラストを示す。

みんなのところにも現れるか？

⑥あなたは「もったいないばあさん」が現れるようなことはしていませんか。

　「している」「していない」のどちらかを書かせ，「している」と書いた子には具体的にどんなことかを書かせる。挙手で人数を調べ，「している」に手をあげた子にどんなことか発表させる。そして，自分で「もったいない」ということがわかっているのがえらいとほめる。

　「この前，もったいないばあさんが現れない人を発見しました」と言って，水道を止めている手の写真を示す。

　「何をしていると思いますか」と問いかけて説明する。

　「この人は，ポタポタと水が落ちていた水道を通りがかりに見逃さないでキュッと止めてくれたのです。それはこの人です」と言って実際の子どもの写真を見せて言う。「こんなことができる人は，笑顔もすてきですね」

「もったいない」を世界の共通語に

　「もう1人紹介します」と言ってマータイさんの写真を見せる。

　「この人は，マータイさんといって，環境をよくするために働いて，ノーベル平和賞をもらった人です。日本にも来たことがあります。そのとき，マータイさんは，日本のすばらしい言葉を知ったので，それを世界中に広めたいと話していました。そうです。『もったいない』という言葉です。この言葉が世界中に広がれば，地球の環境はよくなっていくと話していました」

　最後に，感想を書かせて授業を終える。

> 絵本の中の男の子がもったいないばあさんに叱られている様子をおもしろがる状況から，自分のことに目を向けさせ，自分の行動を振り返らせる。

> 「している」と正直に言えた子をほめることによって，反省することが大切であることに気づかせる。

> 学級の子どもや上級生の中から，「もったいない」を行動に表している子を紹介し，身の回りでできることがあることに気づかせる。

> マータイさんの話を紹介し，「もったいない」という言葉は，世界中で注目される言葉であることを知らせ，実践への意欲につながるようにする。

第1章 04

心に響く歌詞で感動を生み出せ！

新たな地平線をめざして

[低学年] [中学年] [高学年]

歌詞が素材になる!?

誰だって，歌を聴いて感動することがあるだろう。その感動は，歌詞のすばらしさから生まれることが多い。自分の生き方と重ね合わせることによって，勇気をもらったり，もう1度がんばろうと思ったりする。素材を選定する重要な条件の1つは，教師がその素材に感動しているかどうか，ということである。感動した歌は，素材の条件にぴったり当てはまる。

歌詞は素材になる

ジャズ，クラシック，ポップスなど，ジャンルを問わず，いろいろな歌をよく聴く。それらの歌を聴いていると，必ず感動する歌に出会う。

なぜ感動するのだろうか。

それは，歌詞やメロディーに自分の人生を感じるからである。その感動のなかには，子どもたちにもぜひ味わってほしいと思うものがある。そのような歌に出会ったら，積極的に教材化したい。

子どもたちへのメッセージ

6年生の担任から，道徳の授業を依頼されたことがある。卒業式まであと1カ月という時期だった。

そのときに，素材として浮かびあがってきたのが，Mr.Children が歌っていた「GIFT」であった。もともと Mr.Children が好きで，コンサートまで出かけるほどなのだが，その歌のなかでも，「GIFT」の歌詞の次の部分は，当時校長をしていた自分自身の生き方を改めて考えさせてくれる言葉だった。

地平線の先に辿り着いても
新しい地平線が広がるだけ
「もうやめにしようか？」自分の胸に聞くと

「まだ歩き続けたい」と返事が聞こえたよ
　　　　　　（Mr.Children「GIFT」）

この歌詞を活用して，卒業を間近に控えた子どもたちへのメッセージとなる授業を創りたい。こうして，この授業は生まれた。

校歌も授業になる

教室に何気なく張ってある校歌。これも素材になる。子どもたちは，校歌をかなり歌わされているが，案外意味を知らないことが多い。

だから私は，校歌を教室に掲示する前に，必ず授業を行った。

次のような流れである。

①校歌を歌う。
②なぜ校歌があるのかを考える。
③歌詞に，どんな思いが込められているのか考える。
④一つ一つの言葉に思いを込めて校歌を歌う。

古い校歌だと難しい言葉もかなり使われているので，辞書なども活用しながら，意味を子どもたちといっしょに考えていく。

愛校心を育むための授業ともなる。

歌詞の意味を具体化しよう

　歌詞は，抽象的な表現が多い。だからこそ，経験の豊富な大人は，自分の人生を重ね合わせやすい。しかし，子どもは経験が少なく，歌詞の意味など考えたこともない。

　この授業を終えたとき，6年生の言った言葉が印象に残っている。

　「歌詞には意味があったんですね」

　このような子どもに，歌詞の意味を伝えるために有効なのが，具体的な事例と結び付けて考えさせることである。

　この授業で活用したのが，上村愛子『やさしく，強く，そして正直に』（実業之日本社）と新聞のコラム「くろしお」（宮崎日日

（上村愛子『やさしく，強く，そして正直に』実業之日本社）

新聞2010年2月15日）であった。

　特にコラムは，子どもたちが理解しやすいように写真を入れて，読み物資料にした。

　こうすることによって，「GIFT」の歌は子どもたちの心に響いた。

【資料】　「新たな地平線をめざして」（実際には上村愛子選手の写真も掲載）

新たな地平線をめざして

　その少女は，小中学校を通し，仲間はずれに遭っていた。それが原因で中学2年のとき，小学1年生からずっと続けていたスキー・ジュニアのアルペンチームをやめてしまう。

　スキーという目標を失った娘を気遣う母から勧められ，14歳でカナダへ一人旅。そこで彼女はモーグルスキーのW杯を観戦する。深い感銘を受け帰国後，モーグルを始めた。今回のバンクーバーで4度目の五輪出場を果たした上村愛子選手は，こうして誕生した。

　初出場の長野からソルトレーク，トリノでそれぞれ7，6，5位に入賞。一つずつ成績を伸ばしてきた。しかしトリノ後は，メダルを取れなかった悔しさと，感じ始めた体力の衰えといった壁にぶつかり，苦悩の日々を送ることになる。

　だが彼女は，その挫折を自分と向き合い見つめ直す機会ととらえた。そして一からの出直しを図る。体をつくり直し，女性選手には難しい「カービングターン」というターンをマスターする。

　彼女は，これら子どものころからの出来事すべてが「バンクーバーにつながっていた」と振り返る。決勝では最後の最後にメダルが手からすり抜けて4位。「（順位の上がり方が）なんで一段一段なんだろう」と悔しがった。

　表彰台に立つ彼女を見られなかったのは残念だったが，いじめや挫折といった「人生の負の部分」にも意味があることを教えてくれる彼女の生き方は深い共感を呼ぶ。今回の「あと一歩の悔しさ」も必ずや意味あるものにしてくれるだろう。

（「くろしお」宮崎日日新聞2010年2月15日より一部改作）

04 新たな地平線をめざして

ねらい 「GIFT」の歌詞をもとに，挑戦し続けることの大切さに気づかせ，自分も挫折に負けず挑戦しようとする気持ちを高める。 （1-⑥向上心・個性伸長）

好きな歌詞

> オリンピックのシンボルマークを提示して興味・関心を高める。

　授業開始と同時に，バンクーバーオリンピックのマークを提示する。
「2010年にカナダのバンクーバーで開かれた冬のオリンピックのシンボルマークです。オリンピックのときには，テーマソングが作られます」と言って，Mr.Children の「GIFT」の最初の部分を流す。

> 教師が最も好きなところを聴きとるという課題を示すことによって，歌詞に集中させる。

「いつのオリンピックのテーマソングか知っていますか」。2008年に開催された北京オリンピックのテーマソングであることを知らせる。
「歌詞で最も好きなところがあります。何て言っているかを言ってもらうので，よく聴いてください」と言って曲を流す。言わせたあと，歌詞を示す。

　　地平線の先に辿り着いても
　　新しい地平線が広がるだけ
　　「もうやめにしようか？」自分の胸に聞くと
　　「まだ歩き続けたい」と返事が聞こえたよ
　　　　　　　　　　（Mr.Children 「GIFT」）

> 意味がわかった子に説明させることで，少し難しいことも，子ども同士で解決できるということを感じさせる。

①どんな意味でしょうか。
　意味がわかったら○，わからなかったら×をノートに書かせる。
　意味がわかった子に発表させ，わからない子の数を減らしていく。
　・人生に終わりはないということ。
　・挑戦すべきことが次々に見えてくるということ。

上村愛子選手の地平線

> 情報を少しずつ提示していくことにより，なぞ解きのおもしろさを味わわせるとともに，ねらいに迫らせていく。

　上村愛子選手の写真を3枚提示する。
「モーグルという競技で出場した上村愛子選手です。バンクーバーオリンピックが4回目のオリンピックでした。これまでの成績は7, 6, 5位，そして4位です。Mr.Children の歌詞にピッタリの選手は，上村愛子選手だと思っています」

> 資料を読めばわかるということを告げることによって，読みの視点を明確にもたせる。

②どうしてピッタリだと思ったのでしょうか。
　・メダルが取れなくてもあきらめずに挑戦し続けているから。
「なぜピッタリと思ったのかがわかる資料を配ります」と言って資料「新たな地平線をめざして」（23ページに掲載）を配付し，読み聞かせる。

> 理由を3つ以上書かせることで多様な考え方を引き出し，深い理解を図る。

③なぜ上村選手が歌詞にピッタリの選手だと思ったのでしょうか。
　理由を3つ以上書くように指示する。
　・仲間はずれになってやめたスキーをまたがんばったから。
　・壁にぶつかってもメダルをめざしているから。
「GIFT」の歌詞の「まだ歩き続けたい」という言葉を消して示す。

> 「まだ歩き続けたい」を上村選手の言葉に言い直させることによって，意味を鮮明にする。

④上村選手の胸からは，どんな返事が聞こえるでしょうか。
　・今度こそメダルを取れるように挑戦したい。
「上村愛子選手は，『やさしく，強く，そして正直に』（実業之日本社）という

第1章 素材を発見しよう

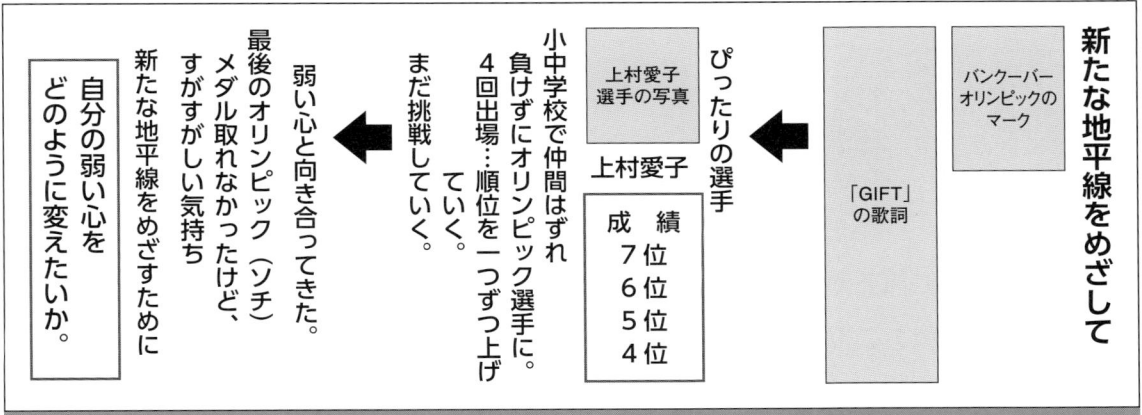

【板書】

本を書いています」と言って表紙を見せる。
⑤どんなことが書かれていると思いますか。
　何人か発表させる。
「本の副題にこんな言葉が書かれています」
　弱い心との向き合い方
「上村選手は，本当は自分の心は弱いんだと言っています。でもその弱い心にちゃんと向かい合って新しい地平線をめざしてきたのです」と言って，上村選手の言葉を紹介する。
　人が本気で変わろうと思い，努力する。このことに遅いなどということはないはずだ。
　自分から変わろうとする気持ちを大事にし，強い気持ちをもって臨めば，何だってできる気がした。つらく苦しいことも，乗り越えられそうな気がした。
　わたしはやっと変われる。心からそう思った。
　　　　　　　　（上村愛子『やさしく，強く，そして正直に』実業之日本社）
　ソチオリンピックの上村選手の写真を提示する。「ソチオリンピックの写真です。何位だったか，知っていますか」。しばらく間をおいて言う。
「前回と同じ4位でした。どんな気持ちだったでしょうか」
「最後だったのに，メダルを取ることができなくて悔しい」というような意見が出されるだろう。上村選手の言葉を紹介する。
　メダル取れなかったけど，すがすがしい気持ち。
　自分らしい滑りがちゃんとできた。後悔はない。それがみなさんにも伝わったとしたらすごくうれしい。
「今，君たちが辿り着こうとしている地平線は何ですか」「小学校」
「新しい地平線は何ですか」「中学校」
「中学校という新しい地平線が見えたとき，君たちの胸からもきっと『まだ歩き続けたい』という返事が返ってくると思います」
⑥自分の弱い心はどんな心ですか。その弱い心をどのように変えていきたいですか。
　ワークシートを配付して書かせる。最後にMr.Childrenの歌を聴かせ，感想を書かせて授業を終える。

> 本のタイトルや帯から，内容を予想させ，興味をもたせる。

> 「弱い心との向き合い方」という言葉に着目して疑問を出す子がいれば，その発言をいかして展開する。

> ソチオリンピックでの上村選手の思いを伝えることによって，結果だけがすべてではなく，自分らしく挑戦することが大切であることに気づかせる。

> 卒業前の6年生を対象に授業をした場合には，「小学校」が地平線になるが，そうでない場合には，学年や時期に応じて，地平線を意識させる。

第 1 章
05

張り紙だって立派な素材だ！
張り紙から見える公共マナー

低学年
中学年
高学年

思わぬところにある素材

素材は，思わぬところに転がっている。たまたま見かけた張り紙だって素材になる。素材として見えてくるかどうかの分かれ目は，おもしろいと思えるかどうかである。日常的に目にするモノ，耳にしたコト，それらをおもしろいと捉える感性を磨くことによって，身の回りの素材が見えてくる。

ふと見かけたモノ

この張り紙を発見したのは，偶然のことだった。日頃利用している駅のトイレの前を通りかかったとき，今までなかったものが目の隅に飛び込んできた。「オヤッ」と思って引き返して確認してみたところ，張り紙を発見したのである。

身の回りにあるモノ

この張り紙だけではなく，身の回りにあるモノには，意外と素材になる可能性を秘めているモノが多い。

たとえば，旅先で見つけた次のようなモノもそうである。

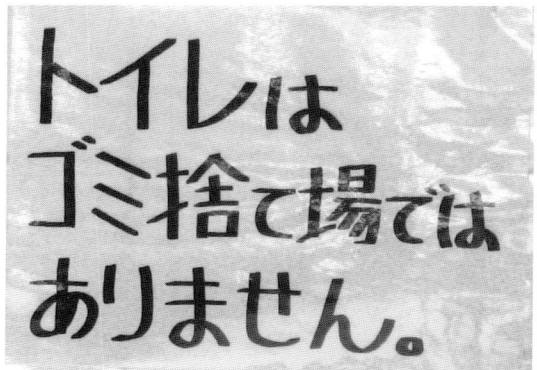

駅のトイレの張り紙

滋賀県近江八幡市

表現が実におもしろいと感じた。

普通だったら，「トイレにゴミを捨てないでください」という表現になるはずである。ところが，この張り紙には，「トイレはゴミ捨て場ではありません」と書いてある。当たり前のことなのだが，それだけに，状況がいかに大変なことになっているかをうかがわせるものだった。つまり，このトイレは，「ゴミ捨て場」になっているということである。

これは，滋賀県を旅行中に，たまたま道端で発見した。前半部分を隠して，提示したらおもしろいだろうな，という考えが浮かんでくる。

「　　　　　　と思うことを人にもしなさい」

身の回りには，素材がたくさん転がっている。

このような意識をもとう。

これまで見えなかったモノが，魅力のある素材として見えてくる。

張り紙にズームイン！

ズームアップ

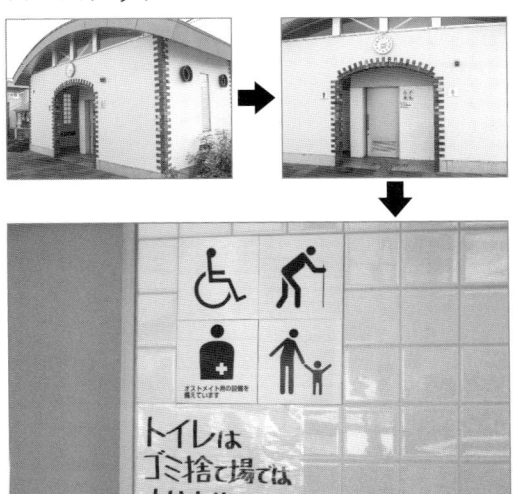

①発見させる

　駅のトイレで発見した張り紙。
　この発見のおもしろさを子どもたちにも味わわせたい。その手法の一つとして，ここでは，ズームアップしてみることにした。
　最初は，駅のトイレの外観を提示する。「どうしてこんな写真を見せるのだろう」と子どもたちは考える。次に，入り口に近づいていく。何かあることに気づく子どもが出てくる。さらに近づいていくと，張り紙があることに気づく。
　子どもたちが張り紙を発見したかのように演出するのである。

張り紙の変化（翌日）

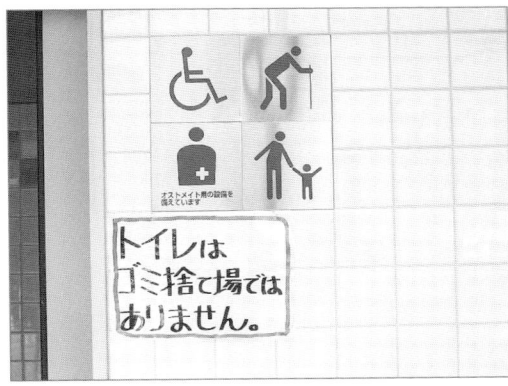

②驚かせる

　この張り紙のおもしろさは，表現だけではない。発見した翌日には，赤い枠で囲んであったのである。事態がいかに緊迫しているかを物語っている。
　「この張り紙は次の日，どうなっていたでしょうか」という問いかけをすれば，多くの子どもたちは，「はがされていた」などと予想するだろう。
　そこで，赤い枠で囲まれた写真を見せると驚くのである。

学校の張り紙

③関連づける

　張り紙は，子どもたちの身近なところにもたくさんある。学校内にも，注意を促す多くの張り紙がある。しかし，子どもたちが，それらを意識して見ることはほとんどない。あってもなくても日常生活に何の影響もないのである。しかし，駅の張り紙について考えさせたあとに，自分たちの身近なところにある張り紙を提示することによって，見え方が変化してくる。

05 張り紙から見える公共マナー

ねらい　張り紙の意味をもとに，公共の場における行動を振り返らせ，マナーを守っていこうとする気持ちを高める。（4-①公徳心）

なぜ，張り紙が？

> トイレの外観から入り口，張り紙へと，だんだんズームアップしていくことで，興味を高めていく。

授業開始と同時に，トイレの外観の写真を提示する。
「この写真は，何でしょうか」
トイレのマークから，トイレであることや向こうに見える看板から駅のトイレであることに気づくだろう。
「なぜこんな写真を撮ったと思いますか」
思いついたことを言わせたあと，トイレの入り口近くの写真を提示して言う。
「実は，こんなものを見つけたのです」
張り紙はぼかしてあるので，はっきりとはわからない。
「何を見つけたと思いますか」
何かが張ってあることに気づく子がいるだろう。
そこで，さらにアップした写真（張り紙の言葉を隠したもの）を提示して問いかける。
「何と書いてあるのでしょうか」

> 1行目の次に3行目，最後に2行目を提示することによって，張り紙との出会いのインパクトを高める

| トイレはゴミ捨て場ではありません。 |

1行目を示して，予想させたあと，3行目を示す。
子どもの考えを出させたあと，2行目を示す。

①**どうして，こんな言葉が張られたのでしょうか。**
・トイレにゴミを捨てる人が増えたから。
・トイレの汚れが目立つようになってきたから。

張り紙のないトイレにできるか

張り紙のあるトイレの写真とないトイレの写真を提示して問う。

②**張り紙のあるトイレ（A）と，ないトイレ（B）は，どちらがいいですか。**
AかBを選ばせて，理由を書かせ，発表させる。
少数派の意見から発表させる。
・張り紙がないということは，きれいなトイレということだから。
というような理由で，Bを選ぶ子が多いだろう。
・張り紙があることで，みんなが気をつけるようになり，きれいなトイレになる。
というようなおもしろい論点が出されたら，討論させる。
意見が一段落したところで発問する。

③**張り紙を発見した次の日，張り紙は，どうなっていたと思いますか。**
・なくなっていた。
・破られていた。

28

第1章　素材を発見しよう

【板書】

↓

トイレで発見したもの

このはり紙はうれしいか。

・じまんできるろうか？
・ひどい人がいるということ。
・自分もそう思われる。
○人　×人
○人　×人

○○小のこれからは？
ふ　ふえる人
へ　へる人

　そこで，子どもの予想を覆す写真（文字を赤枠で囲んだ張り紙）を黙って提示する。「えっ！」と驚く子もいるだろう。「効果がなくて強調したんだ」ということに気づく子もいるだろう。子どもの反応をしばらく見てから問いかける。

④**この駅を利用する人にとって，この張り紙はうれしいでしょうか。**

　うれしいと思ったら○，うれしくないと思ったら×を選ばせ，理由も書かせる。

> 張り紙があるということは，よくない状況があるということであり，それはうれしいことではないということに気づかせていく。

　少数派から意見を発表させる。うれしくないという意見が多いだろう。
・自分が，ゴミを捨てる人だと思われるかもしれないから。
・トイレをゴミ捨て場にするような人が，この駅の利用者にいるから。
・赤い枠囲みをしないといけないほど，ひどい人がいるから。

自分の学校は……

　学校の廊下の写真を提示する（「ろうかは歩こう」の文字を隠したもの）。
　ここで，自分たちも，駅のトイレと同じだと気づく子がいるだろう。隠していた文字を示して発問する。

> 文字を隠して提示することによって，自分たちの学校の張り紙に対する意識の薄さに気づかせる。

⑤**自慢できるろうかですか。**

　自慢できると思ったら○，自慢できないと思ったら×を選ばせ，理由を書かせる。
　ほぼ全員が×を選ぶだろう。
・ろうかを歩くことができない人が多いという証拠で，自慢できるろうかではない。

⑥**ほかにも，自慢できないところがありますか。**

　近くの子ども同士で，話し合わせる。
　自慢できないところを発表させる。

⑦**○○小学校は，これからどうなっていくと思いますか。**

「張り紙が増えていく」と思えば「ふ」，「減っていく」と思えば「へ」を選ばせる。「自分が予想した理由も考えながら授業の感想を書きましょう」と言って感想を書かせ，授業を終える。

> トイレの張り紙のような現状は，自分たちの学校にもあったということに気づかせ，何とかしたいという思いを高める。

第1章 本から光る素材を発見せよ！

06 人の悪口は言わない

低学年 中学年 高学年

感動した本をいかすコツ

本を読む教師は，子どもに伝えたいと思える素晴らしい本に出合う。教材化するにあたって，難しいのは，1冊の本に含まれる情報がかなり多いということである。どの部分をピックアップしてどのように教材化すればいいのかが，わからないのである。ここでは，そのコツを伝授したい。

感動する本に出合う

道徳の授業のよい素材を日々探している教師は，かなりの量の本を読む。本には，良質な情報が多く含まれているからである。

よい素材を開発したいという意識が強ければ，大学院生でも次のような本に着目する。

福本清三・小田豊二『どこかで誰かが見ていてくれる――日本一の斬られ役・福本清三』（集英社）。

斬られ役という地味な仕事でも，とことんやることによって，自らの道を切り拓いていくことができるというメッセージを子どもたちに伝えたいと考えたという。

しかし，難しいのは，よい本に出合ったとしても，どの部分を取りあげて教材化するか，である。情報量が多いため，なかなか絞り込めないのである。

感動を資料化する

次の授業のメインの素材は，伊集院静『MODESTY』（ランダムハウス講談社）である。この書名『MODESTY』に，「謙遜」「謙虚」「慎み深い」という松井秀喜さんの生き方が凝縮されている。その生き方が，具体的に示されているのはどこかを考えるのである。

私が最も感銘を受けたのは，松井さんが人の悪口を言わないというエピソードであった。著者の伊集院静さんも次のように述べている。

私はそのエピソードに対して半信半疑だった。それで，事をただそうと質問した。
「君の周囲の人から聞いた話なのだけど，君は人の悪口を一度も口にしたことがないそうだね？」
「野球選手になろうと決めてからは一度もありません」
私は少し口元をゆるめてもう一度同じ質問をした。
「一度も人前で人の悪口を言ったことがないの？」
「はい，ありません」
松井の目は真剣だった。
（伊集院静『MODESTY』ランダムハウス講談社）

伊集院さんでさえ，松井さんが人の悪口を言わないということを信じられず，2度も同じ質問をしているのである。

この部分が『MODESTY』という書名を最も象徴的に表しているエピソードだと感じた。

こうして読み物資料ができあがった。

本の感動を読み物資料にしよう

○複数の本を活用する

　松井秀喜さんが悪口を言わない理由を明確にするため,『MODESTY』に加え,もう1冊活用したのが,松井秀喜『不動心』(新潮新書)である。直接の答えではないが,考えるヒントになる言葉があった。関連する複数の本を活用することも,授業を生み出すポイントである。

【資料1】　「人の悪口は言いません――父との約束」

人の悪口は言いません――父との約束

　私はそのエピソードに対して半信半疑だった。それで、事をただそうと質問した。

「君の周囲の人から聞いた話なのだけど、君は人の悪口を一度も口にしたことがないそうだね?」

「野球選手になろうと決めてからは一度もありません」

　私は少し口元をゆるめてもう一度同じ質問をした。

「一度も人前で人の悪口を言ったことがないの?」

「はい、ありません」

　松井の目は真剣だった。しかも気負いがあるような口振りでもなかった。ごく当たり前のように、彼はそう断言したのだ。私は思わず、少し離れた場所で私たちの話を聞いている妻の顔を見た。妻は驚いたようにうなずいていて、目でゆっくり私に語った。

――その若者は真実を話しているわ。

　私たちの対談を見守っていた雑誌の編集長もカメラマンも同じように驚いた表情をしていた。

「どうしてそうしているの?」

「父と約束したからです。中学二年生の時、家で夕食をとっていたんです。僕が友だちの悪口を言ったんです。すると父が夕食を食べるのを中止して、僕に言ったんです。人の悪口を言うような下品なことをするんじゃない。今、ここで二度と人の悪口を言わないと約束しなさいと……。それ以来、悪口は言ってません」(中略)

「私は妻の前では人の悪口をよく口にして叱られます。ところで松井君は悪口を言いたい時はないのですか。例えば君のバッティングフォームについてけなされた時とか……」

「言いたい時は……」そこでしばらく黙った後、「　　　　」そう言って松井はニヤリと笑った。

(伊集院静『MODESTY』ランダムハウス講談社)

授業プラン

06 人の悪口は言わない

ねらい　人の悪口は，自分の成長を自分で邪魔することになることに気づかせ，不平不満を口に出さないようにしようとする気持ちを高める。（2-①礼儀）

松井秀喜さんのすごさ

> 松井秀喜さんの華やかな活躍に目を向けさせ，授業に対するモチベーションを高める。

松井秀喜さんの写真を提示して知っていることを発表させる。
巨人軍の4番だったこと，ヤンキースなどアメリカでも大活躍したこと，日米通算2,000本安打を達成したこと，国民栄誉賞を受賞したことなど，さまざまなことが出されるだろう。

①**松井秀喜さんのことでいちばんすごいと思うことは何ですか。**
出された中から選ばせて挙手させてもよい。
「アメリカでも大活躍したことがすごい」という意見が多いだろう。

いちばんすごいと思うこと

> 「野球のことではない」という思いがけないことを言うことによって，「悪口を言わない」という松井さんの生き方とのインパクトのある出会いを演出する。

意見が出尽くしたところで言う。
「先生が松井さんのことでいちばんすごいと思うことは，野球のことではありません」
意表を突かれた子どもたちは驚くだろう。
何か思いついた子には発表させてもよい。
発表のあと，「実は，これなんです」と言って知らせる。
　一度も人前で悪口を言ったことがない
　　　　　　　　　（伊集院静『MODESTY』ランダムハウス講談社）
信じられると思えば○，信じられないと思えば×をつけさせて理由を発表させる。
×の子からは，「誰だって一度くらいは悪口を言ったことがあるはずだ」というような意見が出されるだろう。

父との約束

松井さんと伊集院さんの対談している写真を示す。
「この人は，小説家の伊集院静さんという人です。実は，伊集院さんが松井さんから『悪口を言ったことがない』という話を聞いたのです。そのときのことを伊集院さんはある本に書いています。それを今から配ります」と言って資料1「人の悪口は言いません——父との約束」（松井さんの最後の言葉を空欄にしたもの，31ページに掲載）を配付して範読する。

②**松井さんは何と言ったのでしょう。**
予想を書かせて発表させる。
「あります」「ありません」という二種類に意見が分かれるだろう。挙手で人数を確認してから理由を発表させる。
意見が出尽くしてから正解を告げる。
「山ほどあります」（前掲書）

第1章 素材を発見しよう

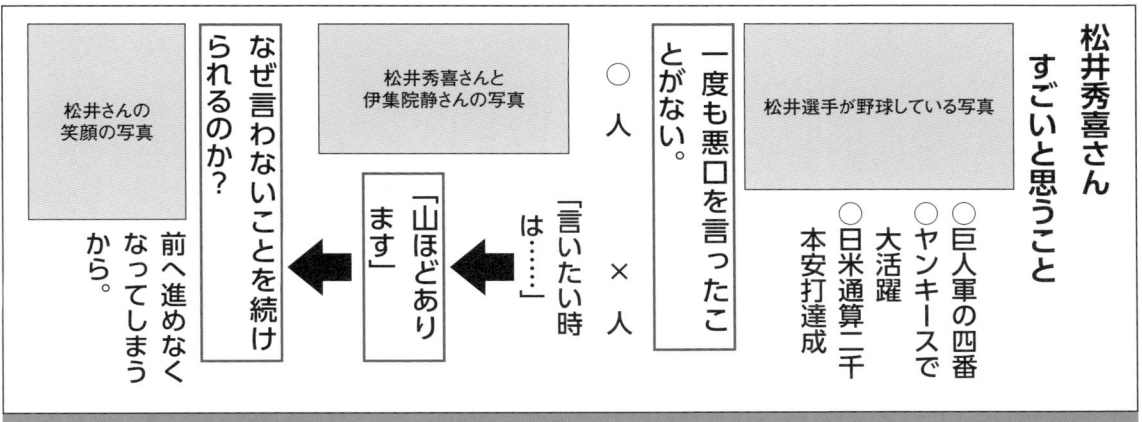

【板書】

子どもたちは驚くだろう。

> 人の悪口を言わない松井さんでも言いたいときは山ほどあるという事実に驚かせるとともに,疑問をもたせる。

なぜ言わないのか

松井さんの写真を提示して発問する。

③悪口を言いたいときが山ほどあるのに,なぜ言わないことを続けられるのでしょうか。

考えを書かせてから発表させる。
・野球選手になろうと決めたから。
・お父さんと約束したから。

などという意見が出されるだろう。

そこで,問い返す。

④みんなが発表した理由だけで,悪口を言わないという姿勢が続けられるのでしょうか。

難しい問いかけなので,なかなか意見が出ないだろう。

> 難しい発問をぶつけて悩ませることによって,資料2から手がかりをつかみたいという意欲を高める。

そこで「難しいですね。松井さんの言葉の中にその秘密があるかもしれません。これから配るので,見つけてみましょう」と言って資料2「悔しい思いは口に出さない」(34ページに掲載)を配付し,範読する。

自分でもう一度黙読させたあと,となり同士で話し合わせて発表させる。発表をもとに,次のようにまとめていく。

人の悪口を口に出すと,気持ちがエスカレートして前へ進めなくなってしまうから。

最後に松井さんに学んだことをまとめさせて授業を終える。

授業終了後は,松井さんの写真を教室に掲示し,松井さんの生き方を意識させていく。

> 人の悪口や不平不満を口に出さないからこそ,大きな仕事を成し遂げられたことに気づかせていく。

【資料2】 「悔しい思いは口に出さない」

悔しい思いは口に出さない

　僕はけっして気持ちの切りかえがうまい方だとは思いません。逆転のチャンスで打てなかったり、絶好球を打ち損じてしまったりすると、けっこう引きずってしまいます。帰りの車の中でも、自宅にもどってからも、脳裏に空ぶりのシーンが渦巻いていたりします。思わず「あーあ」とつぶやいてしまいそうになります。

　しかし、一つのルールを決めています。それは安易に口に出さないことです。不思議なもので、言葉として口に出すと、気持ちがエスカレートしてしまう気がするのです。たとえば、「あのカーブに手を出すんじゃなかった」という思いを口にしてしまうと、もう、その思いから離れられなくなっていきます。

「何で、あんなむずかしいボールに手を出しちゃったんだろう。出さないように気をつけていたのになあ」

　こうなってしまうと、なかなか前く進めなくなります。（中略）

　くやしさは胸にしまっておきます。そうしないと、次も失敗する可能性が高くなってしまうからです。コントロールできない過去よりも、変えていける未来にかけます。（中略）

　腹が立ったり、不満が出てきたりするのは、仕方がありません。思ってしまうのだから、自分にも止められない。でも、口に出すか出さないかは、自分で決められます。

　　　　　　　　　　　　　　　　（松井秀喜『不動心』新潮新書）

第 2 章

出会いを演出しよう

第2章 01

資料で「えっ?」と驚かせる!

ガマンしている人がいます

低学年 / 中学年 / 高学年

資料で驚かせるには?

よい資料が見つかったとしても，出合いの演出によって，子どもに与える影響は大きく変わってくる。できれば，子どもが「えっ?」と驚くような出合いの演出をしたい。驚かせることによって，子どもは資料のもつおもしろさに引き込まれ，いつのまにか真剣に考えるようになっていくからである。

資料と出合う

「えっ?」と驚かせる出合いの演出をするためには，予想をくつがえすような意外な視点を示すことがポイントである。予想をくつがえされることによって，子どもの思考は大きく刺激される。だからこそ，「意外性」をより強く演出したい。

「ガマンしている人がいます」の授業では，資料として，ポスターを活用した。

たまたま大学の掲示板で見かけたポスターであるが，私自身が，「えっ?」と驚かされたコピーがつけられていた。教師自身にとって驚きがあるポスターは，子どもたちにも驚きを感じさせることができる。教師自身の驚きを，子どもたちが感じるように演出してやればいいのである。

「えっ?」と驚かせる演出をするために工夫したのは，次の3点である。

①問題場面に出合わせる。
②ポスターにつける言葉を考えさせる。
③言葉の一部を隠して考えさせる。

問題場面に出合わせる

電車内の様子のイラストを提示しただけで，子どもたちは，問題意識をもつ。明らかに人に迷惑をかけていることがわかるからである。

そこで，気づいたことを発表させると，まわりに迷惑をかけている人に対する憤りを込めた意見が出される。

まずは，イラストのもつ力を活用して，マナー違反をしている人に目を向けさせる。これが後の展開に大きな意味をもつことになる。

コピーを考える

問題場面で，マナー違反をしている人に対する気持ちを十分出させたところで，「これは，あるポスターに使われているイラストです」と告げると，子どもたちは，ポスターにつけられているコピーに意識を向ける。

そこで，「あなたが，この絵でポスターを作るとしたら，どんな言葉を入れますか」と問いかける。まわりに迷惑をかけている人に対する意識が高まっているので，その視点からの言葉が多く出されることになる。

「実は，こんな言葉が付けられていました」と言って，「○○いる人がいます」という言葉を示すと，これまでの流れから，ほとんどの子どもは，迷惑をかけている人に対する注意の言葉であると考える。このような意識の流れの中で「ガマンして」という言葉が入ることがわかったとき，「えっ?」と驚くことになる。迷惑をかけられている人の視点からの言葉だからである。

逆方向の意識が出てくるように資料と出合わせること，これが，「えっ?」と驚かせる演出のコツである。

第 2 章　出会いを演出しよう

ポスターがおもしろい資料に変身

ポスターのイラスト部分だけを提示

コピーの一部を隠して提示

愛知県教育委員会「公共の場におけるモラル・マナー」向上ポスター

①問題場面のイラストと出合わせる

　このポスターのイラストを提示するだけで，子どもたちは，いくつもの問題点を発見し，あれこれ発言したくなるだろう。それほどインパクトのあるイラストである。そこで，気づいたことを十分に出させることで，より多くの問題点を共有できるようにする。ただし，この時点では，ポスターに使われているイラストであることは知らせない。

②コピーの一部を隠して，言葉を考えさせる

　イラストから気づいた問題点を十分出させたあとで，「実はこれはポスターに使われているイラストなのです」と知らせる。すると，それだけで，何のポスターなのかを考えはじめる。
　そこで，「こんな言葉が付けられていました」と言って，「ガマンして」という言葉を隠してポスターを提示する。
　空欄に入る言葉を考えさせると，①で，迷惑をかけている人に目が向いていた子どもたちは，当然，その視点で言葉を考える。

③「ガマン」という言葉に驚かせる

　①②で，迷惑をかけている人に，しっかりと目を向けさせておくことで，「ガマン」という言葉と出合ったときの驚きはより大きくなる。そこで，空欄に入る言葉を②でできるだけ多く出させ，ほとんどの考えが，迷惑をかけている人に対する注意の言葉であることを意識させておくようにしたい。
　このような演出のあとに，「ガマン」という言葉に出合った子どもたちは「えっ？」と驚くことになる。

授業プラン

01 ガマンしている人がいます

ねらい：自分の行動がまわりにガマンを強いていることがあることに気づかせ，迷惑をかけない言動をしようとする気持ちを高める。　(2-②思いやり・親切)

気づいたことは？

　授業開始と同時に絵（ポスターの一部）を提示する。
　少し間をおいて，発問する。

①この絵を見て，何か気づいたことや考えたことがありますか。

> 何かひと言いいたくなるような絵を提示することによって，興味を引き付ける。

　箇条書きで3つ以上書くように指示する。
・床に座っている人がいる。
・座席に荷物を置いている人がいる。
・走りまわっている子どもがいる。
・床に空き缶が転がっている。
・携帯電話で話している人がいる。
・窮屈な思いをして座っている人がいる。
・迷惑している人がいることに気づかないのだろうか。

> 3つ以上という指示によって，できるだけたくさん見つけようとする意欲を高める。

> 机間指導でおもしろい考えを書いている子どもをほめて，さらに発見しようという意欲を高める。

などという意見が次々と出されるだろう。

ガマンしている人は？

②この絵は，あるポスターに使われています。あなたが，この絵でポスターを作るとしたら，どんな言葉を入れますか。

> ポスターであることを知らせて，どんな言葉がふさわしいかを考えようとする意欲を高める。

　自分の考えを書かせたあと，近くの人と考えを交流させる。
「これは，いい言葉だなと思ったものを教えてください」と言って，交流から学んだ言葉を発表させる。

> 友だちの言葉を発表させることで，学び合おうとする気持ちを高める。

　次のような言葉が出されるだろう。
・電車のマナーを守ろう。
・あなたの行為に迷惑している人はいませんか？
・あなたのとなりは大丈夫？
・思いやりの気持ちはありますか？
・電車はみんなの乗り物です。
・青空が泣いている。

　何人か発表させたあと，ポスターの全体を示す（「ガマンして」の文字を隠したもの）。

③空欄にはどんな言葉が入ると思いますか。

> 空欄を考えさせることによって，子どもの考えとのギャップを演出する。

　自分の考えを書かせて発表させる。
「迷惑をかけて」「勝手なことして」などという言葉が出されるだろう。出尽くしたところで，「ガマンして」という言葉であることを示す。

④ガマンしている人は，誰ですか。

> 迷惑をかけている人から，ガマンしている人へ意識を転換させる。

　狭いスペースに座っているサラリーマンや床に腰を下ろしている若者，手前の人影などが出されるだろう。

第2章　出会いを演出しよう

【板書】

ガマンしている人がいます
・マナーを守ろう。
・あなたのとなりは大丈夫？
・電車はみんなの乗り物です。

・迷惑をかけて
・勝手なことして

□ いる人がいます。

ガマンしている人がいます。

ガマンしている人がいることに気づいているか？

○人　×人
どちらが悪い？
気づいている人　　人
気づいていない人　人

この学級にガマンしている人がいるか？
いる　人　　いない　人

ガマンしている人がいる学級のままでいいか？

---

⑤ガマンしている人がいることに気づいているのでしょうか。
　気づいていると思えば○，気づいていないと思えば×を書かせて，挙手させる。
　気づいていないと思う子が多いだろう。そこで，次のように言って挑発する。
「気づいていなければ仕方ないですね」
　気づいているという子に対しても，次のように挑発する。
「気づいているのにやっているとしたら，どうしようもないですね」
　意見がある子がいれば，発表させる。
　となり同士で話し合わせて，意見を出させてもよい。
　話し合いをとおして，気づいていても，気づいていなくても，解決することは難しい状況であることに気づかせていく。

> 挑発することによって思考を刺激し，話し合いを活発にする。

⑥気づいている人と気づいていない人は，どちらが悪いと思いますか。
　グループで話し合わせたあと，意見を発表させる。次のような考えにまとまっていくだろう。
・気づいていない人は教えればやめるかもしれないが，気づいているのにやめない人は，注意してもあまり効き目がないので，気づいている人の方が悪いのではないか。

> どちらが悪いかを問いかけて選択させることで，さらに考えを深めていく。

この学級では

⑦この学級にガマンしている人はいませんか。
　いると思えば○，いないと思えば×を選ばせ，理由も書かせる。
　挙手させたあと，理由が言える子に発表させる。
　最後に次のように問いかける。

⑧ガマンしている人がいる学級のままでいいですか。
　特に答えは求めないで，しばらく間をおく。
　ガマンしている人に気づいて行動している子を何人か紹介し，どのような行動が大切なのかということに気づかせる。
　最後に授業の感想を書かせ，授業を終える。

> ポスターで考えた視点で学級の状況を考えさせ，自分も知らないうちに誰かをガマンさせていたのかもしれないという振り返りをさせる。

> よい行動をとっている子どもを紹介し，まねしたいという意欲を高める。

第 2 章
02

常識をゆさぶってインパクトを与えよ！

うかつあやまり

低学年
中学年
高学年

常識をどうやってゆさぶるの？
私たちは，いつのまにか常識に縛られている。これはこういうものだ，という思い込みをしていて，それを疑うことをしない。子どもたちはなおさらである。だからこそ，その常識をゆさぶる出会いを演出すれば，大きなインパクトを与えることになる。

常識をゆさぶる

これはこういうものだと思い込んでいるところに，常識とはちがう考え方や事実を提示すると驚きや疑問が生まれる。そのためには，常識と思われる場面を提示したあとに，常識をくつがえす場面を効果的に提示したい。

効果的にゆさぶる

（作成者：鈴木詩織）

常識を効果的にゆさぶるために，最初に学級で発生しがちなトラブルの場面を示すとよい。左の4コママンガは，大学院生が教育実習の授業で活用した自作のマンガである。学生の授業では，4コマ目も描いてあったので，そこを空欄にして，このあとどうなるかを考えさせた方がよいというアドバイスをした。

子どもたちは，自分たちの生活場面を想起して，「口げんかになる」などという予想をする。子どもたちにとっては，それが常識的な捉え方だからである。

その後，次のページの「うかつあやまり」の1コマ目を提示すると，同じような発想で，大変なことになりそうだと考える。

しかし，足を踏まれた方があやまるという展開を知って，常識が大きくゆさぶられることになるのである。

新たな常識を活用する

常識をゆさぶり，新たな常識を学ばせたからには，活用する場面まで設定したい。そこで，4コママンガをもう一度提示し，学びをいかしたロールプレイをさせる。

「うかつあやまり」のよさをいかした言葉遣いを日常生活の中で活用しようとする意識が芽生えてくるはずである。

出会いで常識をゆさぶることは，子どもたちに新たな常識のよさに気づかせ，その学びをいかそうとする態度を育てることにつながるのである。

常識をゆさぶる提示のコツとは？

①問題場面の提示

　マンガの1コマ目を提示するだけで、このあと、足を踏んだ人は大変な目に遭うにちがいないと思うはずである。足を踏まれた方は、見るからにこわそうな顔をしているし、足を踏んだ方はいかにも弱々しい。2コマ目の顔のアップが、さらにこのあとの惨劇（？）を予測させる。

　ここで「このあとどうなったと思う？」と問いかければ、ほとんどの子が、「どなられる」「殴られる」などと考えるだろう。

　そこで3コマ目を提示すると、大きな驚きが生まれる。当然どなられたりするだろうという常識を大きくゆさぶられたからである。

②さらにゆさぶる

　次のコマの言葉が実に興味深い。常識をさらにゆさぶるためには、このようなさりげない言葉に着目することが重要である。

　「こちらこそごめ〜んね」とあやまったはずなのに、さらに「気にしなくていいからね」とまで言っている。

　この言葉を取りあげて、切り込むことで、子どもたちの常識はさらにゆさぶられることになる。

③学びを強化する

　見逃しがちなのは、男の子が言っている「かっこいいなあ」という言葉である。足を踏まれたのにあやまるという常識では考えられない行為に対して「かっこいい」と言っているのである。何が「かっこいい」のかを問いかけることによって、学びを自分の言葉で振り返る機会となり、冒頭でゆさぶられた常識が強化されることになる。

（秋山浩子文，伊藤まさあき絵
『江戸しぐさから学ぼう 第2巻 人に対しての思いやり』汐文社）

授業プラン

02 うかつあやまり

> **ねらい** 「うかつあやまり」（江戸しぐさ）について知らせ，ささいな出来事でトラブルを起こさないようにしようとする気持ちを育てる。（2-④寛容・謙虚）

このあと，どうなる？

4コママンガの1コマ目を提示して言う。
「このあと，何かが起きます」
子どもの自由な発言を聞いたあと，2コマ目を示す。「けんかになる」などという発言があるだろう。考えが出尽くしたところで3コマ目を示す。
「やっぱりそうだ」などという発言が出てくるだろう。
そこで，真っ白な4コマ目を示して発問する。

①**このあと，どうなったと思いますか。**
・女の子に文句を言われて，男の子があやまる。
・男の子も言い返して口げんかになる。
なぜそう思ったか，理由があれば出させる。

> 次のコマを想像させることによって，4コママンガの世界に引き込む。

> 4コマ目は自分で考えさせることによって，子どもたちの生活の状況を引き出す。

足踏んじゃった！

「うかつあやまり」の1コマ目，足を踏んづけた場面を提示して，しばらく間をおく。子どもたちは，口々にいろいろなことを言うだろう。

②**このあと，どうなったと思いますか。**
「どなられる」「殴られる」「踏み返される」などという考えが出されるだろう。そこで，踏まれた男がこわい顔をしてにらんでいる2コマ目を示す。
「やっぱり殴られる」などというつぶやきが聞かれるだろう。
「予想どおりになりそうですね」と言いながら，足を踏まれた方が「こちらこそごめ～んね」とあやまっている3コマ目を示す。子どもたちは驚くだろう。
「どうして足を踏まれた方があやまっているの」という疑問の声も出てきたところで，「足を踏まれた方があやまるなんて変ですね」と疑問を広げる。
意見を言いたい子がいれば，発言させたあと，あやまった理由を話している4コマ目を示す。

③**あやまった理由がわかりましたか。**
わかったという子や意味がわからないという子など，さまざまな反応があるだろう。
「うかつ」という言葉の意味がわからないという子もいると思われるので，「うっかりしていて心が行き届かないこと」であることを教える。
「わかった」「わからない」のどちらかを選ばせて挙手させたあと，グループで話し合いをさせ，次のような方向で考えをまとめていく。
踏んだ方もわざと踏んだわけではないし，足を踏まれた方もうっかりしていたから踏まれたのであって，踏んだ方だけが悪いわけではない。
「これは，江戸時代の人たちが，争いごとを少なくするために考えた『江戸しぐさ』といわれる心がけの一つで，次のように言われています」と言って，「うかつあやまり」と板書する。

> 見るからにこわそうな男が足を踏まれてにらんでいる2コマ目を示して，大変なことになりそうだ，という気持ちを高めておく。

> 最初の2コマとのギャップを演出することによって，大きな驚きを引き出す。

> 立場をはっきりさせることにより，話し合いに積極的に臨めるようにする。

第2章　出会いを演出しよう

【板書】

このあと、どうなる？

・けんかになる。
・言いあらそいになる。
・足をふまれた。
・どなる。
・なぐる。

足をふまれた場面
↓
にらんでいる場面
↓
「こちらこそごめ～んね」
↓
あやまっている場面

うかつあやまり
（江戸しぐさ）

「気にしなくていいからね」
・すまないという気持ちを軽くしようとしている。

何が「かっこいい」のか？
・足をふまれていたいはずなのに、相手のことを考えてあやまっているから。

> 2人が別れたあとのことまで配慮して言葉をかけていることに気づかせる。

「この話には、もう1コマあります」と言って、2人が肩を組んで歩いていく5コマ目を示す。

④「こちらこそごめ～んね」とあやまったのに、さらに「気にしなくていいからね」と言っているのはどうしてでしょう。

「相手は足を踏んですまなかったと思っているから、その気持ちを少しでも軽くしようと考えているのではないか」というような考えが出されるだろう。

何がかっこいいの？

「この様子を見ていた男の子の言葉です」と言って、男の子の言葉を隠して6コマ目を示す。

　　□□□□□なあ
　ぼくもやってみよ～っと。

　□に何が入るか、考えさせる。

「すてきだなあ」「優しいなあ」「すごいなあ」などという言葉が出されるだろう。出尽くしたところで、「かっこいいなあ」の言葉を示す。

⑤何が「かっこいい」と言っているのでしょうか。

　自分の考えを書かせて、となり同士で考えを交流させたあと、何人かに発表させる。次のような考えが出されるだろう。

・普通なら怒って文句言ったり、殴ったりするはずなのに、自分も悪いと言って、相手の気持ちを思いやっているところがかっこいい。
・足を踏まれて痛いはずなのに、相手の気持ちを考えて、あやまっているところがかっこいい。

> 踏まれたのにあやまる姿勢やそのあとのことまで考えた言葉が言える態度のかっこよさを感じとらせたい。

4コマ目をやってみよう

もう一度、最初に示した4コママンガを示す。

⑥「うかつあやまり」を使って、4コマ目をかっこよく演じるとしたら、どのようにしますか。

　グループで話し合わせたあと、何組かを前に出して、ロールプレイさせる。
　時間があれば、発表のどこがよかったか、感想を出させる。
　最後に授業の感想を書かせて授業を終える。

> 実際に4コマ目をやらせてみることで、日常生活にいかせるようにする。

第 2 章 03

認識を深めておもしろさ倍増！

てとてとてとて

低学年 / 中学年 / 高学年

知的なおもしろさを演出するには？

授業のおもしろさは，今までもっていた認識を深めることにある。たとえば，「努力」について子どもたちがもっている認識は，「ただひたすらがんばること」だったりする。しかし，ひたすらがんばることが目標の達成につながるのではなく，努力のしかたを工夫することが大切であることに気づくと，知的なおもしろさを感じるようになるのである。

認識を深める意識をもつ

たとえば，「思いやり」をねらいとする授業をする場合，教師が考えなければならないことは，子どもたちが「思いやり」についてどのような認識をもっているかを把握することである。そのためには，教師自身が「思いやり」についての認識を深めておく必要がある。

「思いやり」について教師自身が薄っぺらな認識しかもっていないと，授業の事前と事後で，子どもの認識はほとんど変わらないだろう。

絵本との出合い

手のもつ力を感じさせてくれるすばらしい絵本を見つけた。『てとてとてとて』（浜田桂子作，福音館書店）である。手のもつ力を子どもたちに伝え，そのすばらしい力を使うことのできる子どもにしたいと思った。そのためにも，この絵本を何とか教材化したいと考えていた。

1度目の教材化への挑戦は，2005年。しかし，1時間の授業を構成するまでには至らなかった。そして，2009年，山形市教育研究会道徳部会の依頼を受けて授業をすることになったのをきっかけに，再度教材化にチャレンジした。

認識を深める絵本

なぜそれほどまでに，教材化したいと思ったのか。それは，手に対する自分の認識を深められたからである。

しかも認識の深め方が，スモールステップで構成されていて，実に巧みである。

たとえば，次のように表現してある。

ては　いつも
やくにたってくれる。
でも　それだけじゃない。
もっと　もっと
すてきなことも　できるよ。
　　　（浜田桂子『てとてとてとて』福音館書店）

「もっともっとすてきなこと」って何だろうと考えたくなる。

最後には，次のような表現になる。

なんだか　ふしぎな　ちからも　てにはあるよ。
　　　　　　　　　　　　　　（前掲書）

「なんだかふしぎなちから」とは何だろう。その答えを知りたいと思う。

『てとてとてとて』は，大人が読んでも，それまでもっていた認識の浅さを自然と自覚させられる優れた絵本なのである。

認識を深めるには

てとてとてとて

書名『てとてとてとて』

「かおをあらう」

「おしあい」　「こっちにおいでー」

「なでてごらん」

①書名で興味を引き付ける

　『てとてとてとて』は，絵をもとに手のはたらきについての認識を自然に深めていくことができるように，実にうまく構成してある。
　この構成をいかして，スモールステップで出合いを演出していきたい。
　まずは，「て」を隠して書名を提示する。4つの空欄に何が入るのかを子どもたちは考える。「て」という言葉が入ることがわかったとき，どんな話だろうという興味がわく。

②スモールステップでしかける

　内容に興味をもったところで，第一のステップとして，「手は何をしていますか」と問いかけて，「かおをあらう」「ごはんをたべる」「ボタンをはめる」などの日常的な手の使い方を表した絵を示す。
　第二のステップとして，「もっともっとすてきなこともできるよ」という絵本の一節を示し，「もっともっとすてきな」手のはたらきを考えさせる。
　そして，第三のステップとして，「なんだかふしぎなちから」を考えさせることにより，手のはたらきの認識を深めていくのである。

③いちばん深い認識へ

　最後に，「ては□がでたりはいったりするところなのかもしれない」という一節を示して□に当てはまる言葉を考えさせることによって，手のはたらきのいちばん深い認識まで導くのである。

授業プラン

03 てとてとてとて

| ねらい | 手には，心を伝える力もあることに気づかせ，相手を思いやる手の使い方をしてみたいという気持ちを高める。（2-②思いやり・親切）|

どんな絵本

「て」の文字を抜いた絵本の表紙を提示して，「ここには同じ文字が入ります。何が入るでしょう」と問いかける。

表紙の絵を手がかりに思いついたことを発表させたあと，『てとてとてとて』という題名を示す。

「どんなお話の絵本だと思いますか」と問いかけ，自由に発表させ，「手」に対する意識をさらに高める。

> 入る文字を考えさせることによって，絵本に対する意識を高める。

> 絵本の内容を予想させることにより，読んでみたいという気持ちを高める。

手の使い方

絵本の一節を示して，範読したあと，音読させる。

①手は何をしていますか。

思いついたことを出させたあと，絵を提示し，何をしているかテンポよく言わせていく。

> て
> わたしたちの　て。
> ては　まいにち
> いろいろなことを
> する。
> （前掲書）

次の一節を示して範読後，音読させる。「『もっともっとすてきなこと』とは何でしょう」と問いかけたあと，少し間をおいて，6枚の絵を提示していく。

「6枚を3つに分けましょう」と言って分けさせる。

分け方とその理由を発表させ，次のようにまとめていく。

道具（みずをすくってごくん，てをかざそう），遊び（おしあい，ずいずいずっころばし），言葉（こっちにおいでー，いっぱーい）

> ては　いつも
> やくにたってくれる。
> でも　それだけじゃない。
> もっと　もっと
> すてきなことも　できるよ。
> （前掲書）

> 書いてある言葉から，手のはたらきに対する意識を高める。

> 「もっともっとすてきなこと」という言葉に着目させて，さらに興味を高める。

> はたらきを分類させることにより，手に対する見方を深める。

ふしぎなちから

②これ以外にも，手の使い方があるでしょうか。

「ある」「ない」のどちらかに挙手させる。理由は特に聞かないが，何か言いたそうな子がいれば発言させる。

「絵本には，こんなことが書いてありました」と言って絵本の一節を示す。

③「ふしぎなちから」とは何でしょう。

難しい発問なので，少し間をおいてからヒントとして絵を1枚ずつ提示する。

> なんだか
> ふしぎな　ちからも
> てには　あるよ。
> （前掲書）

> 「ふしぎなちから」という言葉に着目させて，もっと知りたいという気持ちをもたせる。

第2章　出会いを演出しよう

【板書】

```
てとてとてとて
いろいろなこと
    ・かおをあらう。
    ・ごはんをたべる。
    ・モノをつかむ。
すてきなこと
  [どうぐ]        [あそび]          [ことば]
  みずをすくってごくん    おしあい   ずいずい    こっちにおいでー
  てをかざそう              ずっころばし    いっぱーい

ふしぎなちから
  [なでて] [いっぱい] [あくしゅ] [エイエイ
   ごらん   あそんで    する      オー!]
          くれて
          ありがとう
  なぐさめるちから
  はげますちから
  なかよくなるちから
  きょうりょくするちから

  こころがでたりはいったり
  するところ
```

「『ふしぎなちから』とは何かがわかった人は，□□□に書きましょう」
書けた子から前に出して発表させ，なかなか書けない子の参考にさせる。
出された意見を次のようにまとめていく。
　○なぐさめる力　　○はげます力　　○仲良くなる力　　○協力する力

> 絵をもとに，気づいた子に発言させ，手が心にはたらきかける力に意識を向けさせる。

心が出たり入ったりするところ

発表が終わったところで，「絵本の最後で，作者の浜田さんは，次のように言っています」と言って次の一節を示し，範読する。

④ □□□の中には，どんな言葉が入るでしょう。

考えを発表させる。
「気持ち」「心」「優しさ」「思いやり」などが出されるだろう。
出尽くしたところで，いろいろな思いを含めて「こころ」という言葉が使われていることを知らせ，音読する。
「手の力についてわかったことをとなり同士で説明しましょう」と言って机間指導を行い，説明の内容を聞いて理解度を把握する。よい捉え方をしている発言は取りあげて紹介する。

```
て
てって
すごいなあ。

もしかしたら
ては
□□□が
でたり
はいったり
するところ
なのかもしれない。
                （前掲書）
```

> □□□に入る言葉を予想させることにより，「こころ」という言葉を印象づける。

どの力を出したいか

「自分の手をじっと見つめましょう」と言って，しばらく（30秒ほど）見つめさせる。

⑤ 4つのうち，どの力がもっと出るような手にしたいですか。

4つから選ばせて理由を書かせる。時間があれば数名に発表させる。
最後に，感想（わかったこと，よくわからなかったこと，感想等）を書かせて授業を終える。

> 自分の手を見つめさせることによって，学習の内容をじっくりと振り返らせる。

第 2 章 04 失敗と書いて成長と読む

見方を変えてプラス思考！

低学年 / 中学年 / 高学年

マイナスをプラスに

失敗には，マイナスのイメージがまとわりついている。子どもたちの多くが，自分のやったことを，失敗だと思われたくないと考えており，失敗をこわがる姿勢につながっている。だからこそ，これまでのものの見方を変える授業が必要となる。

野村克也さんの言葉との出会い

ある日，新聞を読んでいたら，「ことば巡礼」というコラムが目にとまった。そこには，「『失敗』と書いて，私は『せいちょう』と読むことにしている」（宮崎日日新聞2010年2月17日）という野村克也さん（元楽天監督）の言葉が見出しとなっていた。私自身が，「失敗」の捉え方の転換を迫られる言葉であった。子どもたちにも，この言葉にインパクトをもって出会わせたいと思った。

このように，教師自身が見方を変えられた言葉は，道徳の素材として活用できる可能性が高くなる。

授業では，その言葉にどのように出会わせるかを工夫すればよい。

不機嫌は環境破壊

秋庭道博さんのコラム「ことば巡礼」には，見方を変える言葉の数々が紹介されている。

たとえば，次の言葉である。

「不機嫌は立派な環境破壊であることを，忘れないでいましょう」（宮崎日日新聞2010年9月16日）。

ノートルダム清心学園理事長の渡辺和子さんの言葉である。

この言葉にも，これまでの見方を大きくゆさぶられた。確かに不機嫌な人が1人いると，その場の雰囲気が悪くなる。まさしく環境破壊といえる。しかも「立派な」という言葉までつけられている。

意味を問う

渡辺さんの言葉に出会わせるなら，いきなり次のように板書する。

「不機嫌は（　　　　）な環境破壊」

空欄に入る言葉を予想させたあと，「立派」であることを知らせる。そして，「不機嫌は環境破壊」という言葉と比較させて，「立派な」が付く意味を考えさせるのである。

この話し合いをとおして，子どもたちは「不機嫌」に対する見方が変わっていくだろう。

見方を変える言葉との出会いの演出では，意味を問うとよい。

意味を解釈する作業をとおして，子どもたちはこれまでの見方の組みかえを行わざるを得なくなるからである。

この授業でも「失敗」の意味を多様に考えさせることによって，見方を変えさせようと試みている。

見方を変える言葉を集めよう。

その言葉をメインとした授業づくりばかりでなく，ほかの素材と組み合わせることによって，さまざまな授業づくりに発展していく可能性が生まれてくる。

第2章 出会いを演出しよう

見方を変えるために

失敗
↓

せいちょう

野村克也さん（写真：日刊スポーツ／アフロ）

ちょうせん
「数えやすいように，並べかえよう」

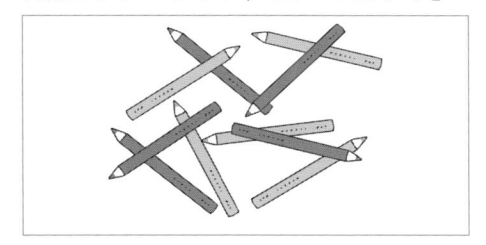

先生の失敗の事例

はっけん

エジソン
（写真：Everett Collection／アフロ）

①「失敗」を読む

　授業開始と同時に，「失敗」の大きな文字を提示する。ほとんどの子どもは，「しっぱい」と読むことができる。そこをあえて指名して，次々と読ませていく。その後，ほかの読み方を問いかける。ここで子どもたちは，言葉が出なくなる。困らせたところで，少しずつ野村克也さんの読み方を示していく。

　「せいちょう」という読み方がわかったとき，「えっ?」という思いが生まれると同時に，なぜ，「失敗」を「せいちょう」と読むのかという課題が意識されることになる。

②見方を変える事例を積み重ねる

　見方を変えるには，いくつもの事例が必要である。野村克也さんの事例だけだったら，それは特別な場合だと感じる子どももいる。しかし，教師の事例も含めて，エジソンなど多様な人物の「失敗」の捉え方を積み重ねていくことで，マイナスイメージでしか捉えていなかった「失敗」のイメージが変わりはじめる。

　授業のあとも，いろいろな事例を紹介していくと，より効果的である。

③「失敗」の読み方を広げる

　授業の最後では，「失敗」の読み方が次のように広がる。

	野村克也さん	先生	エジソン
失敗	せいちょう	ちょうせん	はっけん

　このほかにも，自分なりの読み方を見つけていこうという意識を育てていくことで，マイナスイメージで捉えていた失敗が，プラスイメージに変わっていくのである。

授業プラン

04 失敗と書いて成長と読む

ねらい　一生懸命やった結果の失敗は，失敗ではなく成長であることに気づかせ，失敗を自分の成長にいかそうとする意欲を高める。(1-⑤，⑥向上心・個性伸長)

野村克也さんの読み方

授業開始とともに，「失敗」の文字を大きく板書する。「読み方がわかる人？」と問えば，何人もの子どもが手をあげるだろう。読みたい子を立たせて次々に当てていく。全員が「しっぱい」と読むだろう。

そこで，「ほかの読み方を知っている人はいませんか？」と問いかける。子どもたちは，「えっ？」という表情をするだろう。

「知っている人がいないようなので，教えてあげましょう」と言って，「せ」だけ示す。子どもの反応を見ながら，「い・ち・ょ・う」と一文字ずつ示していく。

まだ意見は求めないで，「実は，『失敗』を『せいちょう』と読むと言っているのはこの人です」と言って，元楽天監督の野村克也さんの写真を提示する。

「野村克也さんは漢字の勉強が苦手だったようですね」と言って挑発する。

> ①野村さんの考えがわかる人は○，わからない人は×，少しわからない人は△を書きなさい。理由も書きなさい。

・失敗をいかせば，次のときに失敗しないようになる。
・失敗すると，暗い気持ちになるから「せいちょう」するとは限らない。

「野村さんの言葉を新聞で紹介した秋庭道博さんは，次のように言っています」と言って秋庭さんの言葉を紹介する。「人は，一つ失敗することによって，一つ以上のことを身につけることができるのだ」(前掲紙)

> ②失敗したのに，一つ以上のことが身につくとは，どういう意味でしょうか。

考えを発表させたあと，「秋庭さんによると，『失敗』と『せいちょう』の関係はこうなります」と言って，「失敗」と「せいちょう」の関係を板書の図のように提示する。そして，「これを見て，何か気づいたことがありますか」と問えば，「『失敗』したほど『せいちょう』する」というような意見が出されるだろう。

> ③「せいちょう」と読むことができない「失敗」があります。どんな「失敗」でしょうか。

考えを書かせて発表させたあと，「秋庭さんは，次のように言っています」と言って秋庭さんの言葉を紹介する。「手抜きをしたり，真剣さが足りなかったり，やるべきことがわかっていながらそれをやらなかったというような"ふまじめな失敗"は『せいちょう』と読むことができない」(前掲紙)

> ④同じ「失敗」なのに，"ふまじめな失敗"は，どうして「せいちょう」と読むことができないのでしょうか。

・「ふまじめ」にしていたら，失敗するのは当たり前で，そのような失敗では，身につくものがないから。

教師自身の失敗

えんぴつの絵を提示して問いかける。「先生が小学2年生のとき，こんな問

（左側の吹き出し）

- 誰でも読めると思っている漢字の思わぬ読み方を知らせることで，関心を高める。
- 挑発することによって，思考を刺激する。
- ○△×を書かせることによって，野村さんの考え方に全員を巻き込んでいく。
- 言葉だけでは，うまく理解できない子どものために，視覚に訴える資料を提示する。
- 秋庭さんの言葉をもとに，どんな失敗でも「せいちょう」と読めるわけではないことに気づかせる。
- 教師自身の失敗を紹介することによって，教師も失敗しているのだという安心感をもたせる。

第2章 出会いを演出しよう

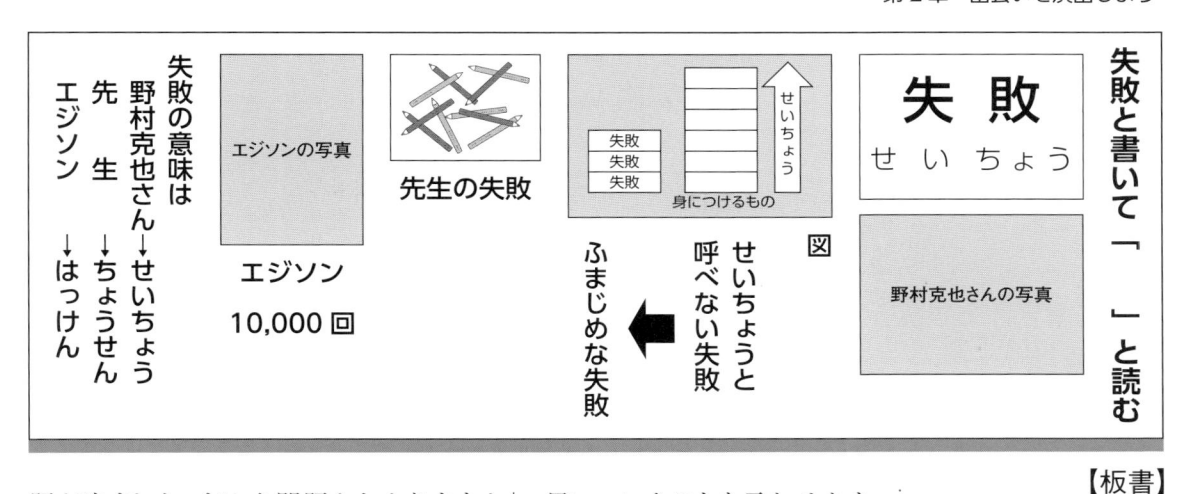

【板書】

（板書内容）
失敗と書いて「　　」と読む
失敗　せいちょう
野村克也さんの写真
図　せいちょう／失敗　失敗　失敗／身につけるもの
せいちょうと呼べない失敗　ふまじめな失敗
先生の失敗
エジソンの写真　エジソン　10,000回
失敗の意味は
野村克也さん→せいちょう
先　生→ちょうせん
エジソン→はっけん

題が出ました。どんな問題かわかりますか」。思いついたことを言わせたあと，「数えやすいようにえんぴつを並べかえよう」という問題を示す。「この日は，参観日でした。問題を見て，サッと手をあげると，先生から指名されました。意気揚々と前に出た私は，こう並べました」と言って，赤と青を交互に並べてみせる。「すると，次に別の考えをもっている人が出てきました。その人は，こう並べました」。赤を5本ずつ，青を5本ずつまとめて並べてみせる。「これを見た瞬間，失敗した！ と思いました」

⑤この「失敗」は，「せいちょう」と読めるでしょうか。

　読めると思う子には○，読めないと思う子には×をつけさせる。○が圧倒的多数だろう。×がいる場合には理由を言わせ，次に○の子に発表させる。
　　・自分の考えを手をあげて発表したから，「失敗」だったけど，「せいちょう」につながったはずだ。

　意見を受けて話をする。「失敗したけれど手をあげて挑戦したことで，算数をもっとがんばろうと思うようになったのです」

エジソンにはかなわない

「私は，これまでたくさんの『失敗』をしてきました。しかし，『失敗』の数で，絶対にこの人にはかなわないという人がいます」と言って，エジソンの写真を提示する。「この人を知っていますか。発明王といわれたエジソンです。エジソンは，電球を発明するのに，何回失敗したと思いますか」。しばらく間をおいて，「10,000回」という数字を提示する。
「『1万回も失敗したのにまだ続けるのか』と聞かれて，『失敗なんかしていないよ。うまくいかない方法を1万回も発見したんだ』と答えたといわれています」

⑥エジソンと野村さんの似ているところがありますか。

　「失敗」を「失敗」と考えていないというような意見が出されるだろう。そこで，次のように板書する。

　野村克也さん　　「失敗」→「せいちょう」
　先　　　生　　　「失敗」→「ちょうせん」
　エジソン　　　　「失敗」→「はっけん」

⑦これから，どんな「失敗」をしていきたいですか。

　自分の考えを書かせて，授業を終える。

> 「10,000回」という圧倒的な数の失敗を知らせて驚かせ，すごいことを成し遂げる人ほど失敗の数が多いことに気づかせる。

> 3つの失敗の意味を示し，失敗の捉え方の幅を広げ，今後にいかせるようにする。

第 2 章
05

なぞ解きで気持ちをつかめ！

気持ちをカタチに

低学年
中学年
高学年

なぞ解きはおもしろい！
わかりそうでわからないモノを示されたら，知りたいという気持ちが高まる。そこへ少しずつヒントを示されると，さらに知りたい気持ちが高まってくる。出会いでは，「知りたい！」という気持ちを高める演出をしてみたい。

細分化すると見えてくる

よい素材を発見したら，教材化したくなる。
教材化するときの基本は，要素を細分化することである。
この授業で活用している素材は，新聞に掲載されていたACジャパンの広告である。
この素材は，いくつの要素で構成されているだろうか。
大きく分けると，写真，詩，解説の3つである。しかしこれでは，細分化したことにならない。
写真を細分化するなら，小さな子どもを抱きかかえた女性，傘をさしかけている女子高生，それを見ている2人の女子高生と3つの要素に分けられる。詩も，前半と後半の2つに分けることができる。
つまり，6つの要素に細分化できるということである。

細分化すると，それらの要素の提示のしかたがいくつも浮かんでくるようになり，さまざまな授業プランにつながっていく。

なぞ解きの発想が生まれる

要素を細分化したことによって，なぞ解きの発想も生まれてきた。
なぞ解きでひきつけるための出会いの演出として，傘をさしかけている女子高生をさらに2つに細分化することを思いついたのである（傘と女子高生）。
こうして，子どもを抱っこした女性→傘→傘をさしかけている女子高生→2人の女子高生という順序で，なぞ解きを楽しみながら場面を理解する出会いの演出が完成した。

（ACジャパン「その気持ちをカタチに。」，協力：ACジャパン）

第2章　出会いを演出しよう

「知りたい！」を刺激する

場面の様子が少しずつ解き明かされていく。

⑦小さな子どもを抱きかかえた女性

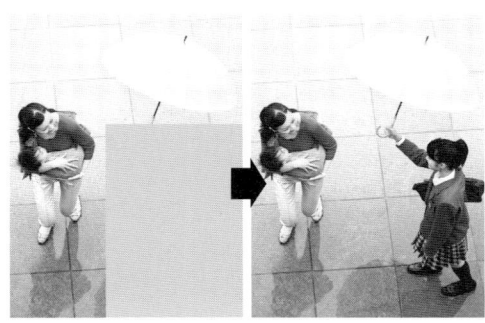

④傘を持っているのは？　　⑨女性の笑顔の理由が明らかに！

①発問で切り込む！「右側の女子高生2人の思いは？」

①気づいたことを出させる

　なぞ解きのおもしろさを味わわせるには，少しずつ見せていくとよい。
　最初はなんだかよくわからなかった場面が，だんだんわかっていくことによって，子どもたちは，教材の世界に引き込まれていく。
　この授業では，まず小さな子どもを抱きかかえた女性の写真だけを提示している。そして，気づいたことをできるだけたくさん出させていく。
　写真のいろいろな部分に着目して，多様な気づきが出されていくが，これだけでは，いったい何の場面なのかがわからない。
　当然，子どもたちは「知りたい！」という気持ちを高めていく。

②なぞに迫る見せ方

　知りたい気持ちが高まったところで，傘だけ見せる。ここで，女性の笑顔の理由が少しだけわかってくる。
　傘を持っているのは誰だろうという疑問もわいてくる。
　そこで傘を持っている人を見せる。
　ようやく笑顔の理由を確信をもって言えるようになる。
　しかしこれだけで終わらない。「ここにいた女子高生は1人ではありませんでした」と言って，さらに興味をひきつけていく。

③場面に切り込む

　「右側の2人の女子高生は，赤ちゃんを抱っこしたお母さんのことをどうでもいいと思っているのでしょうか」
　提示された場面がすべて示されて安心したところに，発問で切り込み，授業の核心に迫っていくのである。

授業プラン

05 気持ちをカタチに

ねらい：心の中で思っているだけでは，何も伝わらないことに気づかせ，思いやりの気持ちを行動で示そうという意欲を高める。（2-②思いやり・親切）

笑顔の理由

授業開始と同時に小さな子どもを抱きかかえた女性の写真㋐（53ページに掲載）を提示し，気づいたことを発表させる。

- 赤ちゃんを抱っこしている。
- 誰かを見ている。
- にこっと笑っている。
- 地面がぬれているみたい。

> おもしろい気づきをほめて，多様な意見が出やすいようにする。

①**お母さんがにこっとしているのは，どうしてでしょう。**

- 誰か知っている人に出会ったから。
- 誰かがあいさつしてくれたから。

> 「『お母さんがにこっとしている』という意見がありましたね」と言って子どもの気づきをいかして展開する。

ヒントとして傘の写真㋑を提示する。ここで，ほとんどの子どもが，誰かが傘をさしかけてくれたことに対する感謝の気持ちで笑顔になったことに気づくだろう。

そこで，さしかけてくれている女子高生の写真㋒も示す。

「ここにいた女子高生は，1人ではありませんでした」と言って，次の写真㋓を示す。

> 傘だけを提示して，少しずつなぞが解けていくようにしていく。

②**この2人の女子高生は，赤ちゃんを抱っこしたお母さんのことは，どうでもいいと思っているのでしょうか。**

「どうでもいいと思っている」と思ったら○，「そうとは言えない」と思ったら×を書かせる。どちらかに挙手させて，理由を発表させる。おそらく×が多いだろう。立っている姿を見ただけでは，判断できないからである。

> 判断理由をもとに，見ただけでははっきりわからないということに気づかせる。

意見が出たところで，次の言葉を示して，音読させる。

　「こころ」はだれにも見えないけれど
　「こころづかい」は見える
　　　　　　（宮澤章二「行為の意味」）

> 音読させて，大切な言葉を印象づける。

「写真をもとに，『こころ』と『こころづかい』のちがいをとなり同士で話し合いましょう」と指示して，話し合わせる。話し合わせたところで，何名か指名して，発表させる。

- こころは，自分の中で考えているだけだからわからないけど，こころづかいは行動になっているから見える。

「この写真には，こんな言葉もありました」と言って，次の言葉を示して，音読させる。

　「思い」は見えないけれど
　「思いやり」はだれにでも見える
　　　　　　（前掲書）

> 「こころづかい」と「思いやり」の2つを取りあげることで，行動に表れて意味があるということに対する理解を深める。

③**「思い」と「思いやり」のちがいがわかりますか。**

「わかる」場合は○，「わからない」場合は×を書かせる。

「わかる」と答えた子に，理由を発表させたあと，「まだわからない人」と問

気持ちをカタチに

【板書】

（板書内容）
- ACジャパン「その気持ちをカタチに。」の広告
- 赤ちゃんをだっこ。
- だれかを見ている。
- にっこっとしている。
- どうでもいいと思っているのかな？
- 「こころ」はだれにも見えないけれど「こころづかい」は見える
- 「思い」は見えないけれど「思いやり」はだれにでも見える
- あたたかいこころも、やさしい思いも、おこないになって、はじめて見える。その気持ちをカタチに。（ACジャパン「その気持ちをカタチに。」）
- ○か×か　妊婦さんに席をゆずっている写真／階段を上っているお年寄りを支えている写真
- トイレのサンダル

いかけ、「わからない」という子を減らしていく。

「気持ちをカタチに」とは……

最後の言葉を隠して、全体を提示し、「この写真の最後には、次のような言葉がありました」と言って言葉を示し、音読させる。

　あたたかいこころも、やさしい思いも、
　おこないになって、はじめて見える。
　その気持ちをカタチに。
　　　　　　　　　　　（ACジャパン「その気持ちをカタチに。」）

> 音読させて、授業のねらいとなる重要なフレーズを印象づける。

④**これから見せる写真は、気持ちがカタチになっていますか。**

発問をしたあと、妊婦さんに席をゆずっている写真と階段を上っているお年寄りを支えている写真を示す。ほとんどの子が、「気持ちがカタチになっている」と答えるだろう。そこで「どんな気持ちが、どのようなカタチになっていますか」と問う。

- ・「妊婦さんは大変だな」という気持ちが、席をゆずるというカタチになっている。
- ・「おばあさんは階段を上るのが大変だな」という気持ちが、支えてあげようというカタチになっている。

> 写真をもとに気持ちがカタチになっているかどうかを判断させることで、ねらいの深化を図る。

さらに、子どもたちの身近な場面であるトイレのサンダルの写真（ばらばらになっている写真とそろえてある写真）を示し、「これは、気持ちがカタチになっていますか」と問いかける。

- ・次の人が気持ちよくはけるようにという気持ちが、サンダルを並べるというカタチになっている。

> 人が見えなくても、モノから気持ちが伝わることに気づかせる。

この写真によって、人の姿はなくても、「気持ちをカタチにすることができる」ということに気づかせていく。

⑤**気持ちをカタチにできそうなことがありますか。**

思いついた子に、いくつか発表させてヒントを与えたあと、一人ひとりに考えさせる。グループで考えを出し合わせたあと、代表に発表させる。

最後に授業の感想を書かせて授業を終える。

> 授業後に、さらに1時間設定し、グループごとに、「気持ちをカタチにする場面」の写真を撮影させて、プレゼンさせるとよい。子どもたちの撮影した写真を掲示しておくと日常的に意識を高めていくことができるだろう。

第 2 章
06

意外性の威力で驚きを！
今の学びが未来をつくる

低学年
中学年
高学年

「そうだったのか！」という意外性を演出しよう

意外な事実を知ったとき，「そうだったのか！」と驚く。その驚きは，自分の中に新たな視点をもたらし，生き方を考えるためのヒントとなる。子どもたちにも，そんな意外な事実と出会わせたい。

仕事学のすすめ

NHKで放送されていた「仕事学のすすめ」は，さまざまな分野の一流の人を取りあげ，なぜその人が質の高い仕事ができるようになったのかをわかりやすく伝えてくれる番組だった。

この授業で取りあげたイタリア料理シェフの落合務さんも，「仕事学のすすめ」に登場したひとりである。

落合さんは，若い頃，単身イタリアに乗り込み，片言のイタリア語で「わたし日本人，ここで働かせてくれ，給料いらない，飯だけ食わせてくれ」と言って頼み込み，修業をした人である。

しかし，修業したあと，日本に帰ってきて，大きな挫折を味わう。

あるレストランを任されるのだが，「パスタに芯がある」「オリーブ油のにおいがきらい」などと評判は散々で，毎月百数十万円の赤字を出してしまうほど，お客さんが来なかったのである。

窮地を支えたもの

このような落合さんの窮地を支えたものがあった。それは，イタリアで修業していたときに記録した20冊のレシピノートであった。無名だった頃の真剣な学びが，今の落合さんをつくったのである。

この事実を知って，意外性を感じた。

普通だったら，誰かの励ましであったり，お客さんの「おいしかった」という声であったりするはずである。しかし，落合さんが示したのは，若い頃の修業の記録であった。

ここから，「今の学びが未来をつくる」というキーワードが浮かんできた。

大学院生のための話から授業プランへ

教職大学院では，4月当初にガイダンスを行う。1年間の学修の見通しをもたせることが目的なのだが，それだけでは，ただの説明会で終わってしまう。そこで，学ぶことに対する学生の意識を高めるための話をしたいと考えていた。

そのようなとき，思い出したのが，落合さんの話だった。落合さんのエピソードと印象的に出会わせることによって，大学院での2年間の真剣な学びが，教師になったあと，自分を支える力になるのだ，という意識をもたせられるのではないかと考えたのである。

こうして，ガイダンスで話すための5分間程度のプランができあがった。

この話は，小・中学生に，今の学びの意味を考えさせることにも活用できると考え，授業プランを創った。5分間の話が，45分間の授業プランへと発展したのである。

第2章　出会いを演出しよう

意外性を演出する

フェットチーネ　タコとセロリのサラダ　魚のカルパッチョ

落合務さん（写真提供：ラ・ベットラ）

↑

落合さんを支えた修業ノート

（写真提供：NHK）

①意外性を高めるために

　授業のはじまりに，おいしそうなイタリア料理の写真とそれを作った落合さんの写真を提示する。そして，「日本一予約のとれない店」を経営していることを知らせる。
　これで子どもたちは，落合さんがすごいシェフであることを理解する。
　現在は超一流のシェフといわれている落合さんも，若い頃には，料理の評判も悪く，毎月百数十万円の赤字を出していたことを伝える。
　このような事実を提示すると，子どもたちには，「窮地に立たされた落合さんが，どのようにして超一流のシェフになっていくのだろう」という疑問がわいてくる。
　問題意識を高めたうえで，意外な事実と出会わせることが，演出のポイントである。

②意外な事実の提示

　問題意識をもった子どもたちに，「窮地に立たされた落合さんを支えてくれたものは何だったのか」と問いかけ，ノートの写真を提示する。
　シェフなのだから，料理を作る練習をよりいっそうがんばったのではないかという方向で考えるはずである。ところが，何冊ものノートの写真を提示されて，子どもたちは，意外な事実に驚くことになる。

③今の学びに目を向けさせる

　意外な事実から学んだ子どもたちは，若い頃の地道な努力が，いつか実を結ぶということに気づくだろう。
　その学びを日々の生活にいかすことができるように，どんな仕事も，今の学びを大切にすることが未来につながるということを印象づけたい。

授業プラン	06 今の学びが未来をつくる
	ねらい：落合務さんの生き方から今の学びが未来の自分をつくることに気づかせ，学びをしっかり積み重ねていこうとする意欲を高める。(1-⑥向上心・個性伸長)

学ぶ意味

授業開始と同時に問いかける。

① みなさんは，何のために学校に来て学んでいるのですか。
　・自分のためになるから。
　・将来役に立つから。

「そうですね。ここにいるほとんどの人は，いつか，自分のためになると考えて，毎日学校に来て学んでいるんですね」

② 学んでいるおかげで自分の目標に近づいてきているなあと思いますか。

今の自分を，4段階（4：かなり近づいてきた，3：まあまあ近づいてきた，2：あまり近づいていない，1：全然近づいていない）で自己評価させる。

> 自己評価をさせることで，まだまだ学んでいく必要があることを自覚させる。

> 4を選んだ子にも，「もう学ぶ必要はないですか」と問いかけて，学びの必要性を感じさせる。

③ 1年後に，今の自分を少しでも自分の目標に近づけていくために，どうしたらいいのでしょうか。
　・目標をしっかりもって勉強する。
　・今よりもたくさん勉強する。

イタリアンシェフ・落合務

イタリア料理のフェットチーネ，タコとセロリのサラダ，魚のカルパッチョの写真（57ページに掲載）を示して，「どれを食べてみたいですか」と問いかけ，1つ選ばせて，挙手させる。

「この料理のレシピを作ったのは，この人です」と言って，落合務さんの写真を提示する。

「この人は，落合務さんというシェフです。日本にイタリア料理のブームを巻き起こした人です」と言って，店の写真を提示する。

「これが落合さんのレストランで，"ラ・ベットラ"という名前です。落合さんの店は，『日本一予約のとれない店』といわれています」

「日本一予約のとれない店」とは，どういう意味かを確認する。

「落合さんは，若い頃，イタリアに料理の修業をしに行きました。修業したあと，日本に帰ってきて，あるレストランを任されるのですが，『パスタに芯がある』『オリーブ油のにおいがきらい』などと評判は散々で，毎月百数十万円の赤字を出してしまうほど，お客さんが来ませんでした。このとき，落合さんを支えてくれたものがありました」

> いきなりイタリア料理を提示することで，学びについて考えていた子どもの意表を突き，集中させる。

> 落合さんの店が，とても人気のある店であることをしっかり認識させたうえで，若い頃は，全然だめだったという事実を知らせる。

④ いったいそれは何だったと思いますか。

わかる子はいないと思われるが，少し間をおく。

「実は，これなのです」と言って，ノートの写真を提示する。

「勉強したノートだ」という反応があるだろう。

子どもの考えを受けて，「これは落合さんが修業時代にせっせと記し続け

> シェフなのに，ノートを提示することで意表を突き，どういうことだろうという疑問をもたせる。

第2章　出会いを演出しよう

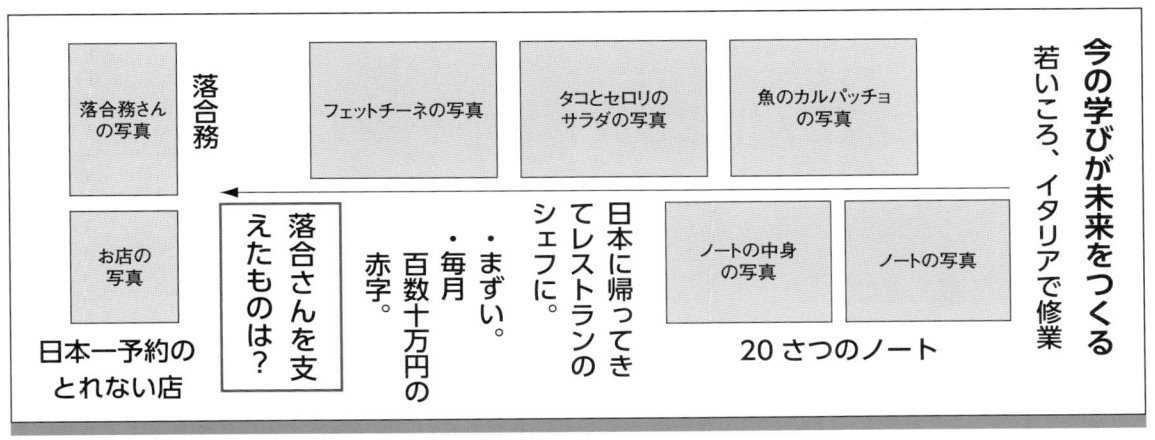

```
┌─────────────────────────────────────────────────────────────┐
│  [落合務さん  落  [フェットチーネ  [タコとセロリの  [魚のカルパッチョ    今
│   の写真]    合   の写真]       サラダの写真]   の写真]          の
│           務                              ←――――――――      学
│  [お店の        ┌─落合─┐ ┌日本─┐ ┌・┐                  若  び
│   写真]        │さんを│ │に帰っ│ │毎ま              [ノートの  [ノートの い  が
│              │支え │ │てきて│ │月ず              中身の    写真]   こ  未
│              │たも │ │レスト│ │百い             の写真]           ろ  来
│              │のは？│ │ランの│ │数。            、  を
│              │   │ │シェフ│ │十               イ  つ
│              │   │ │に。 │ │万               タ  く
│              └───┘ └───┘ │円                リ  る
│   日本一予約の                    │の              20さつのノート    ア
│   とれない店                     │赤                          で
│                              │字                         修
│                              └─┘                         業
└─────────────────────────────────────────────────────────────┘
                                                              【板書】
```

た20冊を超えるレシピノートです。これがノートの中身です」と言って，ノートの中身を提示したあと，落合さんの人生について話す。

　落合さんは，料理の修業をするため，たった1人でイタリアに行きました。

　そしてイタリア語もほとんど知らないのにレストランの厨房に飛び込んで，片言のイタリア語で「わたし日本人，ここで働かせてくれ，給料いらない，飯だけ食わせてくれ」と訴えては修業させてもらいました。学んだ先はローマからシチリアまで20軒を超えたそうです。

　若い頃にイタリアでの学びを記録したこのノートが，苦しいときに落合さんを支えてくれたのです。

　フェットチーネ，タコとセロリのサラダ，魚のカルパッチョの3つのイタリア料理は，このように修業を積み重ねてきた落合さんの人生を変えた3皿なのだそうです。

⑤何か目標をもっていますか。

　将来の夢などの長期目標でもよいし，今年こうなりたいという短期目標でもよいことを告げ，ノートに書かせる。

⑥自分の目標に近づくために落合さんの生き方から学べることは何ですか。

　ノートに書かせて発表させる。

・自分で積極的に学ぶ姿勢をもつこと。
・学んだことをしっかり記録することが大切だということ。
・学んだことが，苦しいときに，自分を助けてくれるということ。

　発表させたあと，次の内容を熱く語る。

　落合さんは若い頃，イタリアに行って，努力を積み重ねてきたのです。その努力の跡が，20冊のノートなのです。

　今はまだ目標がはっきりしない人もいるかもしれません。でも今，学ぶ力をつけておくことが未来をつくるのです（「今の学びが未来をつくる」と板書する）。

　この1年間で一人ひとりがどんな学びを積み重ねていくかとても楽しみです。みなさんの学びを精いっぱい応援していくつもりです。

> 落合さんから学ぶべきことが明確に捉えられるように，黒板に写真を張る位置を工夫しながら話す。

> この授業は，子どもの1年間の学びの基本となる姿勢をつくるものである。

> 授業後，落合さんの写真（ノートも含む）を掲示し，学びに積極的な子どもを，折にふれて落合さんと結び付けて紹介し，意識を持続させる。

第 2 章 07

すごい人は身近なところにいる！

ごみには人柄が表れる

低学年 / 中学年 / 高学年

> **身近な人の威力とは**
> 身の回りのヒト・モノ・コトは，すべて道徳授業の素材となる可能性をもっている。そのなかでも，身近な人は，「そんな近くに学べる人がいたのか」という驚きを子どもにもたらす。身近な人を活用することによって，自分に関わる人に対する意識を高めたい。

身近な人に学ぶ

身近な人から学ぼうとする意欲を高めるためには，教師自身が，身近な人から学ぶモデルとなっていなければならない。

そのような意識があれば，多くの人から学ぶ機会が増え，それは道徳授業の素材となっていく。

たとえば，行きつけの床屋で，若い理容師に次のような話を聞いたことがある。

「仕事が終わったあと，中腰でハサミを使う練習を1時間くらいするんです」

彼らは，自分の技術が客に満足してもらえなかったとしたら，生活に大きな影響が出る。また店に来てもらうために，日々腕を磨いているのである。

このような話は，子どもたちに話す素材になる。仕事というのは，就職してからが大切なのだという事例を身近な人から学んだこととして話すことができるのである。

佐藤さんとの出会い

この授業で取りあげたのは，宮崎県日向市環境政策課（当時）の佐藤裕彦さんである。

当時勤務していた小学校には，朝の活動の中に，「ふれあい教室」という時間が設定してあった。地域のさまざまな分野で活躍されている方々をゲストとして招き，話を聞くという時間である。8時10分から8時35分という短い時間なのだが，なかなかおもしろい話を聞くことができる。

佐藤さんもそのなかのひとりとして来校し，「日向市のごみの問題と環境を守るためにみんなにできること」というテーマで話をした。

特に印象に残った話が，「ごみには，その人の人柄が表れる」であった。

「ごみには人柄が表れる」という捉え方は衝撃的だった。この言葉は，子どもたちにインパクトを与える教材となると思った。

取材する

佐藤さんにもっとくわしく話を聞きたいと考え，授業の趣旨を説明したうえで取材を申し込んだ。実に快く引き受けてもらった。

佐藤さんへのインタビューは，すべてビデオカメラで撮影させてもらった。映像が使えれば，さらに迫力が増すからである。写真やビデオの使用も快諾してもらった。

このインタビューをもとに，作成したのが，64ページの資料1と資料2である。読み物資料を作成しておけば，誰でもが使える教材となるからである。

言葉をいかそう

佐藤裕彦さん（日向市環境政策課）

資料1 「ごみには人柄が表れる」
（64ページに掲載）

⬇

発問

「佐藤さんは、ごみを減らすために『みんなにもすぐできることが2つある』と言っています。何だと思いますか」

⬇

資料2 「やってほしいこと」
（64ページに掲載）

①写真を提示する

　身近な人に対するリアリティーを高めるためには、その人の写真を活用したい。名前だけでなく写真を提示することで、身近な人の存在を感じることができる。
　写真を提示したあと、次の説明をする。
　「この人は、佐藤裕彦さんといって、ごみ収集車でごみを集める仕事をしておられます。佐藤さんは、ごみを集める仕事をしているうちに、あることがごみから見えるようになったと言っています」
　佐藤さんの顔を見ているだけに、「何が見えるようになったのだろう」という疑問を強く感じることになる。

②疑問を解決する

　疑問が高まったところで、資料1「ごみには人柄が表れる」を配付する。配付する前に、次のように言うことで、子どもの資料に対する意識が高まる。
　「今から配る資料を読めば、佐藤さんが見えるようになったことがわかります。読みたいですか」
　子どもたちは、早く読みたいという表情を見せるだろう。このような意欲が高まったところで資料1を配るのである。

③佐藤さんの思いを知る

　「人柄」などと考える子どもは1人もいないはずである。だからこそ、子どもたちには、佐藤さんの言葉が深く印象づけられる。
　印象づけられたところで問う。
　「佐藤さんは、ごみを減らすために『みんなにもすぐできることが2つある』と言っています。何だと思いますか」
　佐藤さんが伝えたのは、意外なほど当たり前のことであった。そのことを書いたのが、資料2「やってほしいこと」である。

授業プラン

07 ごみには人柄が表れる

ねらい：ごみの出し方から人柄が見えることに気づかせ，物を大切にする心を高めていきたいという意識をもたせる。（4-①公徳心）

ごみから見えてくるもの

　ごみ集積所の写真を提示し，子どもたちの思い思いの反応をしばらく聞いたあと，さらにごみ収集車の写真を数枚提示する。
　少し間をおいて，佐藤さんの写真を提示する。
「この人は，佐藤裕彦さんといって，ごみ収集車でごみを集める仕事をしておられます。佐藤さんは，ごみを集める仕事をしているうちに，あることがごみから見えるようになったと言っています」と説明して発問する。

①**佐藤さんは何が見えるようになったのでしょう。**

　次のような考えが出されるだろう。
　・どんなごみが多いか。
　・ごみの出し方のきまりを守らない人がいる。
　考えが出尽くしたあと，次の言葉を板書する。

　人　柄

「佐藤さんは，次のように言っています」
　ごみには，それを出した人の人柄が表れる。

②**いったいどういう意味でしょうか。**

　考えを書かせたあと，発表させる。
　人柄の意味がわからなければ，「その人の性格やどんな人であるかということ」と説明する。次のような考えが出されるだろう。
　・モノを大事にする人かどうかがわかるという意味（A）
　・きまりをきちんと守る人かどうかがわかるという意味（B）
　出された意見については，具体的にどういうことかを説明させる。たとえば，Aであれば，「使えるモノを平気で捨てていれば，モノを大事にしない人であることがわかる」ということになる。
　こうしたやりとりから，ごみから何か見えてきそうだという意識をもたせる。

ごみには人柄が表れる

　佐藤さんの話を読み物資料にまとめた資料1「ごみには人柄が表れる」を配付し，範読したあと発問する。

③**佐藤さんの言った言葉「ごみには，それを出した人の人柄が表れる」とはどういう意味でしょうか。もう一度考えてみましょう。**

　①で考えたことに付け加えて書かせる。次のような意見が出されるだろう。
　・ごみの出し方や態度で，自分勝手な人か，相手を思いやる心のある人かが見えるということ。

補助説明（左側）：

- 身近に目にしているごみ集積所やごみ収集車の写真を提示して，学習への興味を高める。
- 実際に働いている人の声であることを伝えて，切実感をもたせる。
- 意表を突く言葉を示し，疑問をもたせたあとに発問することによって，考えようという意識を高める。
- 出された意見を教師が説明するのではなく，子ども同士の学び合いのきっかけにすることで，理解を深める。
- 読み物資料をもとに佐藤さんの言葉を再度考えさせることによって，さらに理解を深めていく。

第2章　出会いを演出しよう

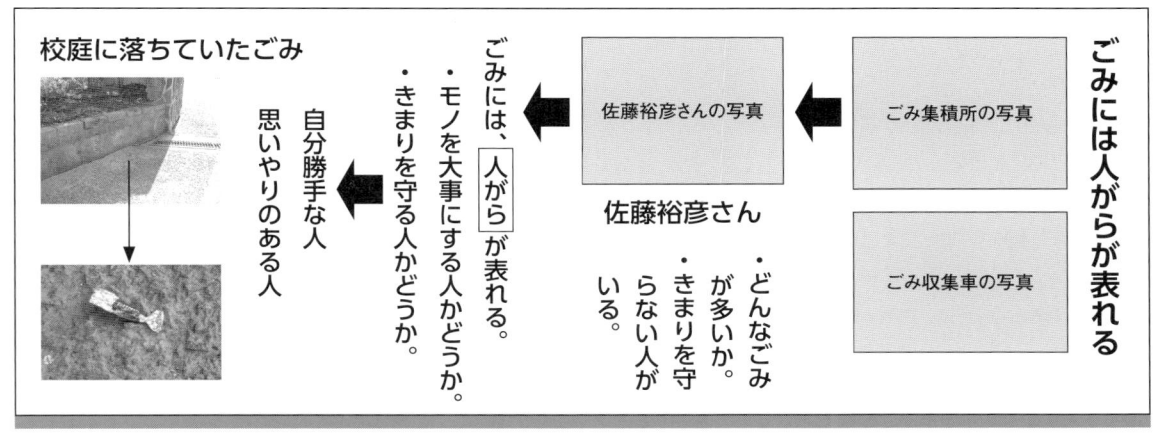

【板書】

```
校庭に落ちていたごみ    ごみには、人がらが表れる。    佐藤裕彦さんの写真 ← ごみ集積所の写真
                       ・モノを大事にする人かどうか。   佐藤裕彦さん        ごみ収集車の写真
                       ・きまりを守る人かどうか。      ・どんなごみが多いか。
  自分勝手な人                                        ・きまりを守らない人がいる。
  思いやりのある人
```

ごみには人がらが表れる

これはどんな人か？

　校舎内外のごみの写真を1枚ずつ提示していったあと，発問する。
④**このごみを出した人は，どんな人でしょうか。**
　どんな人かについて，となり同士で話し合わせたあと，発表させる。
　・物を大事にしない人
　・自分だけ楽しめばいいと思っている人
というような意見が出されるだろう。

> 自分たちの身近な場面を提示することにより，佐藤さんの言葉は，自分たちに問いかけている言葉であることに気づかせる。

みんなにできること

⑤**佐藤さんは，ごみを減らすために「みんなにもすぐできることが2つある」と言っています。何だと思いますか。**
　自分の考えを書かせて発表させる。次のような意見が出されるだろう。
　・無駄なごみを出さないようにする。
　・モノを大切にする。
　抽象的な意見が多いだろう。そこで「『無駄なごみを出さないようにする』というのはみんなにもすぐできますか」と問い返して，簡単にはできそうもないことを建前的に発表していることに気づかせる。
　しばらくじっと考えさせたあとに，キーワードを示す。

> 子どもから出された意見に対する問い返しをすることで，より深く考える必要性に気づかせる。

⑥**キーワードを教えます。いったいどういうことでしょう。**
　次の言葉を板書する。
　そうじ
　名前
　グループでどういうことかを話し合わせて発表させたあと，佐藤さんの話（資料2「やってほしいこと」）を読んで聞かせる。
　最後に授業の感想を書かせて授業を終える。

> キーワードだけを示すことにより，考えるヒントを与える。

【資料1】「ごみには人柄が表れる」

ごみには人柄が表れる

　私は、日向市の環境政策課で、家庭から出されたごみを始末する仕事をしています。
　日向市では1日に32t（4tトラック一車で13台分）くらいのごみが出ています。
　私たちは、便利で快適な暮らしのためにたくさんのごみを出します。
　私たちがごみを集めなくなったら、どうなるでしょうか。町中ごみだらけになって病気が発生して住むことができなくなってしまうでしょう。
　でも、私たちがごみを集めていると、鼻をつまんで通る人がいます。
　そんな人をどう思いますか。
　ごみを集めている車のそばを、鼻をつまんで通る人はごみを出したことがないのでしょうか。私はそういう人に何と言っているかわかりません。だから、ただ「おはようございます」とだけ言うようにしています。
　毎日ごみを集めていると、いろいろなごみ袋と出会います。
　燃やせるごみを出す日ではないのに出している人がいます。そういう人のごみ袋は、残飯などが腐って、ひどいにおいになっていることが多いです。
　燃やせるごみと燃やせないごみをまぜて1つのごみ袋に入れている人もいます。
　割れたガラスやビンをそのままごみ袋に入れている人もいます。それに気づかないで袋をかえてしまい、けがをした人が何人もいます。
　しかし、きちんとごみを出している人のごみ袋はくさくありません。においが出ないように腐りやすいごみは小さな袋に入れておいたりするなど、ごみの出し方に気をつけているからです。「割れたガラスが入っています。気をつけてください。」とごみ袋に貼り紙をして出してくれる人もいます。
　ごみを集めているうちに、次のようなことに気がつきました。

　ごみには、それを出した人の人柄（どんな人間か）が表れる。

　どういう意味だと思いますか。みんなで考えてみてください。

※ごみの量は、子どもたちが住んでいる区市町村のデータを活用するとよいでしょう。

【資料2】「やってほしいこと」

　みんなにやってほしいことは、二つあります。
　一つめは、そうじを一生懸命にやるということです。
　そうじを一生懸命やる人は、「物には命がある」ことがわかります。そうすれば、物を無駄にしないようになります。
　二つめは、自分の物に名前を書くということです。
　そうすれば、もしどこかで落としたりしても、自分のところに戻ってきます。これも物を大事にすることにつながります。
　この二つをやることが、ごみを減らすことにもなるのです。

※私たちはこれまで、自分がいらなくなったものをそのまま「ごみ」として「すてる」使い捨て生活をおくってきました。しかし、もうそのやり方は通用しないということがわかってきました。今は「適正処理」の時代です。ごみ処理・リユース（再利用）・リサイクル（再資源化）・リデュース（発生抑制）等の多様なアプローチに主体的にチャレンジし、物の適正処理の決め手となる分別を当然のこととして生活にとりいれて、きちんと自分の「ごみ」と対峙していくことが求められます。　　（佐藤裕彦）

第 3 章

考えたくなる発問をつくろう

第3章 01

共通点でスイッチを入れよ！

おせちを食べる日だった

低学年 / 中学年 / 高学年

> **共通点でスイッチを入れよう！**
> 授業では，子どもの思考状態を持続させることができるかが重要である。そのための鍵となるのが，発問である。発問1つで，思考のスイッチが入るかどうかが決まる。思考のスイッチが入るような発問をどのように作ればいいのだろうか。ポイントの1つが，「共通点を問う」ということである。

全校朝会は小さな道徳授業

人のために行動しようとする子どもを育てたい。校長をしていた頃，このような思いをもって学校経営をしていた。もちろん，校長1人だけで実現できることではない。学校の全職員が同じ思いをもって子どもを育てようとすることによって，少しずつ効果は表れる。

そのために実践したことの1つが，全校朝会であった。全校朝会には，「校長先生の話」が設定してある。わずか5〜10分程度の話であるが，ここで小さな道徳授業を積み重ねることにした。

この授業で活用している素材も，もとは全校朝会で取りあげたものである。

人のために行動する

鳥取県の琴浦町で降った大雪の影響で，1,000台もの車が立ち往生した。そのとき，車に閉じ込められた人々のために，琴浦町の人たちは，トイレが使えるようにしたり，食料を提供したりした。その日が元旦であったにもかかわらず，である。記事（朝日新聞2011年1月9日）を読んで，ぜひ子どもたちに伝えたいと思った。人のために行動するとはどういうことなのか，を具体的に子どもたちが感じてくれるのではないかと考えたのである。

この出来事の中心人物が，祇園和康さん（当時79歳）であった。

共通点を問う

記事には，祇園さんのほかに，おにぎりやまんじゅうを提供した人なども紹介されていた。1つの事例だけでなく，複数の事例を示すことによって，子どもたちの受け止め方が深くなる。そんなに何人もの人が，見知らぬ人たちのために，元旦にもかかわらず行動したのか，という思いをもつ。

複数の事例を提示したところで，共通点を問いかけたい。その問いの答えを考えようとすることによって，人のために行動するという意味が心に刻み込まれることになる。

事例を蓄積する

2014年2月の大雪のときにも，中央自動車道（山梨県）で，ヤマザキパンのトラックのドライバーが「好きなだけ持ってってよ」と言って提供したという。

このような事例を少しずつ蓄積していきたい。「人のために行動する」事例が多いほど，子どもに大きな影響を与えることができるからである。

第3章 考えたくなる発問をつくろう

共通点を問う

トイレが使えることを知らせる手作りの看板と、祇園和康さん（写真提供：朝日新聞社）

↓ トイレを使ってもらおう！

国道9号で立ち往生した車列（写真提供：朝日新聞社）

↑ 食べ物を提供しよう！

米、1俵半（90kg）分のおにぎり　　まんじゅう1,200個

①メインとなる事例

　共通点を問うためには、基本となる事例が重要となる。その事例が、祇園さんである。

　早朝のノックで起こされ、出てみるとそこに立っていたのは見知らぬ婦人であった。それにもかかわらず、大雪で車に閉じ込められた人々のために、仕事場のトイレを開放し、1日中行動した。ふと我に返って気がついたら、元旦だった。

　元旦であることも忘れ、見知らぬ人々のために働くという祇園さんの行動のすばらしさ。これが共通点を問うためのメインの事例となる。

②状況を把握させる

　祇園さんが、元旦であることも忘れて、1日中働くことになったきっかけは、大雪で閉じ込められた車の行列である。その写真を提示することで、祇園さんの置かれた状況を子ども自身に気づかせる。それが、子どもたちに祇園さんの気持ちを追体験させることになる。

③共通点を問う

　トイレを提供した祇園さんとおにぎりを作った女性とまんじゅうを提供したまんじゅう屋さん。この3人の共通点を問うことによって、「人のために行動する」というねらいに迫ることができる。

　共通点を問う発問が、「3人の似ているところは、どこですか」である。この発問によって、子どもたちは、3人の行動をメタ認知するための思考をはたらかせることになる。

授業プラン

01 おせちを食べる日だった

ねらい　元旦にもかかわらず，見ず知らずの人のために行動した人々の姿から，人のためにすすんで行動しようとする気持ちを高める。　(4-②，④社会奉仕)

何をしているの？

　授業開始と同時に，トイレと書いた看板と祇園さんの写真を提示する。

①いったい何をしているのでしょうか。

　次のような考えが出されるだろう。
　・トイレの場所を知らせる看板を出している。
　・トラックに看板を積もうとしている。
　・トイレの看板を新しく作った。

「この人は，祇園和康（ぎおんかずひろ）さんという人で79歳です。鳥取県の琴浦町の人です」と言って琴浦町の場所を記した日本地図を提示する。

　さらに，「琴浦町である出来事が起きるのですが，この写真はそのときの様子を写したものなのです」と言って，どんな出来事だろうという興味をもたせ，話を始める。

> トイレと赤く大きく書かれた文字が写った写真を提示することによって，いったい何だろうという興味を高める。ユニークな意見をしっかりほめて，さらに意欲を高める。

> 日本地図で琴浦町と自分たちの学校の場所を示すことによって，親近感を高める。

早朝のノック

「ある日，祇園さんが寝ていると，トントントンと入り口のサッシをノックする音がしました。時計を見てみると，まだ午前6時です。こんな朝早くから，いったい誰だろうと思ってドアを開けてみると，知らない女の人が立っていました。どうしたんだろうと思っていると，その女の人が『トイレを貸してもらえませんか』と言うのです」

　ここで次の問いかけをする。

②いったい何が起きたんでしょうか。

　言いたい子がいれば，発言させたあと，話を続ける。

「祇園さんは，どうしたんだろうと思って，外に出てみました。すると……」と言って，大雪で身動きのとれなくなった何台もの車の写真を提示する。

　この写真から，「雪で車が動かなくなって，トイレがないから困っているんだ」という声があがるだろう。

　その声を受けて言う。

「そのとおりです。なんとこの日の大雪で，1,000台もの車が立ち往生したのです。祇園さんは，『こらぁ大変だ！』『仕事場のトイレを，みんなに使ってもらおう』と考えて，大きなトイレの看板を作ったのです」

> 何か事件が起こりそうな口調で語りかけることによって，話を聞きたいという意欲を高める。

> 問いかけを効果的に入れて，さらに話の続きを聞きたくなるようにする。

> 写真によって，子どもたちが起きた出来事に気づくようにしていくことで，話の中に引き込んでいく。

できることをやる

「困っている人たちを見て行動したのは，祇園さんだけではありませんでした。ある人は，1俵半（90kg）もの米を炊いて，おにぎりを作りました。まんじゅう屋さんは，1,200個のまんじゅうを配りました」

　説明に合わせて，おにぎりやまんじゅうを提供した人のことを板書してい

第3章 考えたくなる発問をつくろう

【板書】

おせちを食べる日だった　鳥取県琴浦町「おせちを食べる日だった。」

1俵半（90kg）　1,200個　→　国道9号で立ち往生した車列の写真　←　トイレが使えることを知らせる手作りの看板と、祇園和康さんの写真

祇園さんみたいになれる子がいるかな？

3人の似ているところは？
人のためにがんばっているところ。

知らない人のために，なぜここまでできるのだろう。

く。
③渋滞が一段落して夜になりました。そのとき，祇園さんが思い出したことがあったそうです。何を思い出したと思いますか。
　思いついたことを発表させたあと，祇園さんの言葉を知らせる。
「祇園さんが思い出したことは，『ああ，そういえば今日はおせちを食べなければならない日だった』ということです」

④3人の似ているところは，どこですか。
　ノートに書かせてから発表させる。
　次のような考えが出されるだろう。
　・困っている人を助けようとしている。
　・全然知らない人なのに助けている。
　子どもたちの発表を受けて問いかける。

⑤大雪でとても寒いはずなのに，どうして，知らない人のためにここまでできるんでしょうか。
　次のような意見が出されるだろう。
　・困っている人を見捨てておけないという気持ちがとても強いから。
　・困った人を助けなかったら，後悔するから。

学級の祇園さん

⑥この学級には，祇園さんみたいになれそうな子がいると思いますか。
　そんな友だちを発見したことがあれば○，なければ×を書かせる。○を書いた子どもを挙手させて指名し，発見したことを発表させる。
　子どもたちの発見をほめながら聞いたあと，教師自身の発見を話す。
　最後に授業の感想を書かせて授業を終える。

［元旦にもかかわらず，人のために一生懸命がんばっていたことに気づかせる。］

［共通点を考えさせることによって，ねらいに迫るきっかけとする。］

［おもしろい意見があったら，学級全体に「この意見をどう思いますか」と問い返して，ねらいに対する考えを深める。］

［私の場合は，「人のためにがんばります」と年賀状に書いた子どもから話を聞いておいて，どんなことをしたことがあるか，これからどんなことをしようと思っているかを紹介した。］

第3章 02

考え方から発問を生み出せ！
人生，なんどでも挑戦できる

低学年 / 中学年 / 高学年

> **考え方から発問を生み出せる！**
> 何かを成し遂げた人の言葉は，自分を勇気づけてくれる。しかし，その人が実際に言った言葉でなくても，生き方を学べば，こんなときにどう考え，どのような言葉が出てくるだろうと想像することができる。それを発問にするのである。

95歳で世界新記録

「95歳堂々の世界新」という新聞記事（宮崎日日新聞2005年6月20日）を見たとき，驚いた。生きているだけでもすごいと思える年齢なのに，世界新記録なのである。

ぜひ授業で取りあげたいと考えた。

授業のポイントは，65歳から陸上を始めた原口幸三さんが，95歳のときに世界新記録を樹立したという事実である。

65歳といえば，仕事も退職し，悠々自適の生活を送っている年齢である。しかし，原口さんは陸上競技を始め，世界新記録まで樹立したのである。

原口さんから学べるのは，挑戦したいと思ったときがスタートであり，それは年齢に関係ないということである。

数々の失敗を重ねていたとしても，それは過去のことであり，新たな目標に向けて挑戦を始めることはいつだってできる。そんな気持ちを育てることが，自己肯定感の育成につながっていくはずである。

80歳で高校へ

校長をしていたとき，小学校の卒業証明書を発行してほしいという80歳の女性（Nさん）がやってきたことがある。

何に使うんだろうと思ってたずねてみると，「若い頃，事情があって高校に行けなかったので，高校に入学して勉強するんです」という言葉が返ってきた。

これにも驚いた。

何かを始めるのに，年齢など関係ない。

95歳で世界新記録を出した原口さんや80歳になって高校に行きたいというNさんから，私自身が大きな刺激を受けた。

自分の感動を子どもたちにも味わってもらいたい。ここから授業づくりが始まる。

人生，なんどでも挑戦できる

この2人を素材に授業プランを考えようとしていたときに目にしたのが，次の言葉であった。
人生，なんどでも挑戦できる

"できない理由"を数えるより，一片の勇気を持とう。なにかを始めるのに遅すぎるということはないはずです。
（『PHP』2010年1月号）

まさしく2人の生き方は，この言葉を証明していると思った。

こうして，授業の最初に「人生，なんどでも挑戦できる」の言葉を提示して，そう思うかどうかを問いかけ，原口さんやNさんの事例をもとにして，再度そう思うかどうかを考えさせるという授業の構想ができあがった。

第3章　考えたくなる発問をつくろう

考え方を問うとは？

95歳で陸上100メートルの世界新記録を樹立した原口幸三さん（宮崎日日新聞社提供）

その人だったらどう考えるか何と言うかという発想をし、発問を考える。

↓

発問
「自分がくじけそうになったとき、原口さんがそばにいたら、何と言ってくれると思いますか」

①その人だったら何と言うか

　自分がくじけそうなとき、いろいろなことを乗り越えて挑戦し続けてきた人の言葉は、大きな勇気を与えてくれる。しかし、その人がいつもそばにいて、適切な言葉をかけてくれるというわけではない。
　そのようなときには、その人だったら、どう考えるか、何と言うかという発想をすればよい。
　この考え方は、漫画家の山田玲司さんの言葉がヒントになった。山田さんは言う。

　ジョン・レノンやイチローや坂本龍馬や尾崎豊といった、実在した（している）ヒーローを自分の身内だと思って、現実の理解者が現れる日まで勝手に「心の師」にしてしまえばいいのだ。
　（山田玲司『非属の才能』光文社新書）

　山田さん自身も、「手塚先生ならそう言うだろうと、僕は心のなかで勝手に漫画の神様の声を聞いていた」という。

②発問に応用する

　この授業の発問を考えているときに、山田さんの考え方を思い出し、次の発問ができあがった。
　「自分がくじけそうになったとき、原口さんがそばにいたら、何と言ってくれると思いますか」
　原口さんをNさんに入れかえてもよい。
　「80歳で高校に行きたい」という前向きな生き方をするNさんだったら、こんなとき、どう考えるか、何と言うかを問いかけるのである。
　この発想は、いろいろな授業で応用できるだろう。

授業プラン　02 人生，なんどでも挑戦できる

> **ねらい**　人生は，何歳からでもなんどでも挑戦できるということに気づき，積極的に挑戦していこうとする気持ちを高める。（1-⑥向上心・個性伸長）

なんどでも挑戦できる？

授業開始と同時に，「人生，なんどでも挑戦できる」の言葉を示し，音読させる。

①そう思いますか。

4段階（4:そう思う，3:まあまあ思う，2:あまり思わない，1:思わない）で選ばせる。それぞれの考え方から，1人ずつ理由を言わせる。

> 4つの選択肢を示して，どれかを選ばせることで，ねらいに対する子どもの実態を把握する。

原口さんのすごさ

原口さんの写真を提示して言う。

②写真を見て，気づいたことを発表しましょう。

- うれしそうにしている。
- 何か表彰されたのかな。
- 日本のマークをつけている。

出尽くしたところで名前を紹介する。
「この人は原口幸三さんという人で，宮崎県の人です」

> 写真から気づいたことを言わせ，原口さんについての情報を共有する。

③この写真は新聞に載ったものですが，どうして新聞に載ったと思いますか。

写真を手がかりに考えられることを発表させる。

- 昔，何かのスポーツで活躍した人が表彰されたのではないか。
- 何かの監督をしていて，チームが優勝したのではないか。

新聞の見出し「堂々の世界新」を示す（年齢は隠したまま）。
「何の世界新記録を出したんだろう」という疑問がわいてくるだろう。そこで，種目と記録の見出しを示す。これで，100メートルで世界新記録を出したことに気づくだろう。なかには，22秒04で世界新記録というのはおかしいと気づく子が出てくるだろう。そこで，「実は，年齢別の世界新記録なのです」と言って，原口さんの年齢を示す。95歳で世界新記録を樹立したことに驚くだろう。

> 新聞に掲載された理由を問いかけ，原口さんへの興味を高める。

> 「堂々の世界新」という見出しを示して，原口さんについてもっと知りたいという気持ちをもたせる。

④原口さんは何歳くらいから陸上競技をやっていると思いますか。

多くの子は，若い頃からやっていたと予想するだろう。そこで，65歳であることを知らせ，原口さんの歩みについて話す。
「原口さんは65歳であるにもかかわらず，陸上競技の，しかも100メートルに挑戦しました。
宮崎県には，駅伝の強い小林高校という学校があります。原口さんは65歳のとき，小林高校が全国高校駅伝で優勝して日本一になったことに感動して，陸上競技を始めたのです。そして，それから30年たった95歳のとき，世界新記録を作ったのです」

⑤原口さんのすごいところは，どんなところですか。

- 65歳という年齢なのに，陸上競技に挑戦したところ。

> 原口さんのエピソードをしっかり共有するために，すごいところを問いかける。

第3章 考えたくなる発問をつくろう

【板書】

（板書内容：右から左へ）
人生、なんどでも挑戦できる
1人→人　2人→人　3人→人　4人→人

原口幸三さんの写真
原口幸三さん
堂々の世界新
65歳で陸上競技を始める。
95歳で世界新記録。

くじけそうになったこと
○人 × 人
・それくらいでくじけてどうする。
・まだまだなんどでも挑戦できるぞ。

おばあさんの絵
Nさん
80歳で高校に入学したい。

"できない理由"を数えるより、一片の勇気を持とう。なにかを始めるのに遅すぎることはないはずです。

・30年も続けて，95歳でついに世界新記録を作ったところ。

原口さんなら，何と言うか

⑥何かに失敗して，くじけそうになったことがありますか。
　あるという子は○，ないという子は×を書かせる。挙手させて人数を確認する。ほとんどの子は○をつけるだろう。

⑦自分がくじけそうになったとき，原口さんがそばにいたら，何と言ってくれると思いますか。
　ワークシートに書かせて発表させる。
　・それくらいでくじけてどうする。
　・まだまだなんどでも挑戦できるぞ。

＞原口さんが言ってくれそうな言葉を考えさせることによって，原口さんの生き方をより深く理解させる。

80の手習い

「昨年，ある小学校に卒業証明書を発行してほしいと言ってきた人がいました」と言って，おばあさんのイラストを提示する。
「年齢はなんと80歳でした。『何に使うんですか』とたずねたら，こう答えてくれました」と言って，言葉を示す。
「事情があって高校に行けなかったので，高校に入学して勉強するんです」
　冒頭の言葉「人生，なんどでも挑戦できる」を示し，再び問う。

⑧そう思いますか。
　4段階で書かせ，挙手させる。
　①で答えたときと考えがどう変わったかを発表させる。
「そう思うという気持ちが強くなった」というような意見が出されるだろう。
　次の文章を示して，音読させる。
"できない理由"を数えるより一片の勇気を持とう。なにかを始めるのに遅すぎることはないはずです。
（『PHP』2010年1月号）

　最後に，授業の感想を書かせて授業を終える。

＞80歳で高校に入学したいというNさんを紹介することによって，原口さんだけでなく，いろいろな人が年齢に関係なく挑戦しようとしていることに気づかせる。

＞最後にもう一度4段階から選ばせ，最初の考えと比べて何が深まったかを自覚させる。

73

第3章
03

現状を問いかけて自分を見つめさせよ！

元気のしるし

低学年
中学年
高学年

いい話をいかして現状を問いかける

いい話を聞くと，誰でもほのぼのとした気持ちになる。しかし，それはあくまでもその話の範囲でとどまってしまう場合が多い。せっかくほのぼのとした気持ちをもったのに，そのままで終わらせてしまうのはもったいない。その話をいかして，自分たちの現状を考えさせたい。それが，「現状を問う」ということである。

いい話をいかす

NHK連続テレビ小説「ちりとてちん」に，なかなかいい場面があった。

落語家の弟子になった主人公（貫地谷しほり）が三味線を練習しているところに，師匠（渡瀬恒彦）がやってきた。

主人公が「ほんまに不器用なんですよ」と言うと，師匠は「不器用でええやないかい」と返す。「えっ？」という表情をしている主人公に師匠は言う。

「不器用なもんほどぎょうさん稽古する。ぎょうさん稽古したもんは，誰よりもうまなんのや」

誰だって何らかの苦手意識をもっている。しかし，その意識こそが大切だと言っているのである。

現状を問う

この話を「いい場面だな」だけで終わらせたくない。そのためにどうするか。現状を問うのである。

①苦手なことがあるか。
②苦手なことにどう向かい合っているか。
③苦手意識があるからこそ，それを克服するために誰よりも一生懸命取り組むことができる。
④そして，いずれ誰よりもうまくなる可能性がある。

いい話を，誰かのいい話で終わらせず，現状を問うことで，自分にいかすのである。

元気のしるし

ACジャパンの「黄色い旗は，元気のしるし。」という広告を見たときにも，いい話だと感じた。「この街で，誰も独りにさせないために。」「あなたの街にも，やさしさの風を。」というコンセプトが実によい。そのうえ，味わい深い表情のおばあさんが，シンボルとなる黄色い旗を持って立っている。

子どもたちもこの取り組みを知ったら，「いい街だなあ」と思うはずである。

そのような思いを十分に高めたうえで，自分たちの学級の現状を問いかけ，「この学級で，誰も独りにさせないために」どうすればいいかを考えさせる授業を創りたいと思った。

補助資料として，黄色い旗が使われている様子がわかる写真を活用することにした。

こうして，この授業プランが完成した。

第3章 考えたくなる発問をつくろう

徐々に核心に迫り，発問へ

広告の黄色い旗だけを提示

旗を持つおばあさんと「黄色い旗は，元気のしるし。」の言葉

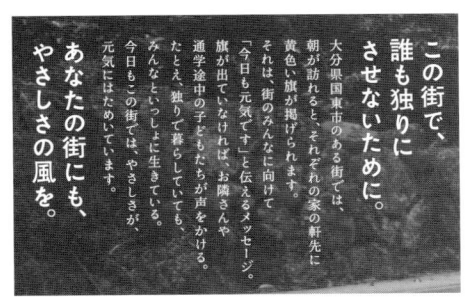

黄色い旗の使われ方の説明

(ACジャパン「黄色い旗は，元気のしるし。」，協力：ACジャパン)

①黄色い旗のなぞを探る

授業では，最初に黄色い旗だけを提示する。

黄色い旗のなぞにだんだん気づかせていくことによって，「そういうことだったのか」という思いをもたせたい。

そのために，旗のあとに，おばあさん，「黄色い旗は，元気のしるし。」という言葉，黄色い旗の使われ方という順序で提示していく。

徐々に旗の正体に迫る提示が，子どもの思考を刺激し，気づきが広がっていく。

②よさを感じる

黄色い旗の意味に気づきはじめたところで，説明を読ませる。

この段階で，子どもたちは「黄色い旗の意味」を知りたくてたまらなくなっているので，一生懸命に読むことになる。

読みたい気持ちもないのに，いくら文章を示したところで，子どもたちの心には届かない。このように，子どもの気持ちを高めていくことが大きなポイントである。

子どもたちが，「そういうことだったのか！」という思いをもったところで，「この街のどんなところがすてきですか」と問いかける。子どもたちからいろいろなよさが出されることになる。

③学級の現状を問う

ここまでの布石が，メインの発問をいかす。

ひとりぼっちをつくらないというこの街のよさを学級全体で共有しているだけに，次の発問が効いてくる。

「この学級で，ひとりぼっちになりたい人？」

「この学級で，ひとりぼっちの人がいてもいいと思う人？」

第3章 04

意外性をいかして思考を深めよ！

からだ大冒険

低学年 / 中学年 / 高学年

意外性をいかす発問をつくる

意外な事実を知ると，これまでの自分の姿勢を振り返るきっかけになることがある。意外性をいかす発問をすることによって，当たり前だと思っていたことが，実はとても大切なことであったことに気づかせることができる。

教材化のきっかけ

この授業を創るきっかけは，教頭時代に「二分の一成人式」で子どもたちに話をしてほしいという依頼が4年生の学年主任からあったことである。そのとき考えたのは，話をする対象である4年生に近い子どものことを取りあげ，これからの生き方を考えさせたいということだった。

このような意識があると，素材が向こうから飛び込んでくる。それが，『からだ大冒険』という絵本を書いた戸次吏鷹さんの記事だった（毎日新聞2006年1月16日）。「二分の一成人式」のわずか4日前のことである。

戸次さん（当時小学5年生）は，「ネマリンミオパチー」という難病で，病院で寝たきりの生活をしており，『からだ大冒険』も左手の人差し指だけでパソコンを打って書きあげた。

絵本を書いたことも驚きだったが，楽しみなことが，授業であるということにも感銘を受けた。学ぶということは，人間にとって，それほど大きな意味をもっているのである。

このことを「二分の一成人式」を迎える子どもたちにぜひ伝えたいと思った。

保護者からの贈り物

「二分の一成人式」には，保護者も出席していた。できれば，『からだ大冒険』の絵本も見せたいと思ったが，出版されて間もない頃で，近くの書店では手に入らなかった。そこで，まだ絵本を読んでいないことや早く手に入れて読みたいと思っていることなども伝えた。

それから数日後，4年生の男の子がやってきた。その子の手には『からだ大冒険』が握られていた。お母さんが博多に行く用事があったので，わざわざ大きな書店に立ち寄って，私のために買ってきてくれたのだと言う。

戸次さんの話が保護者の心にも届いたのだと思うと，本当にうれしかった。

生きる意味を考える

本格的に授業プランを創ろうとしていたとき，池内了さんの『疑似科学入門』（岩波新書）を読んだ。池内さんはいう。

健康とは，単に病気の状態ではないことを意味するのではない。人々が何に対しても積極的に働きかけ，意欲的に生き続けられる状態を維持することなのだ。健康であることが目的ではなく，人生を豊かに生きたいという願望を満たすために健康が必要なのである。だから，たとえ病気になっても，生きる意志を失わず，興味を持って対象に接する態度が持ち続けられるなら健康だと言える。

（池内了『疑似科学入門』岩波新書）

生きるとは，病気とは，健康とは，どういうことなのだろうか。池内さんの定義で考えれば，戸次さんは「健康」なのである。このような考え方も含めて，生きるとはどういうことなのかを戸次さんの生き方から学ぶ授業を創りたいと考えた。

意外性との出会いを演出する

戸次吏鷹文，菅野泰紀絵『からだ大冒険』（クリエイツかもがわ）

⇅ 意外な事実との出会い

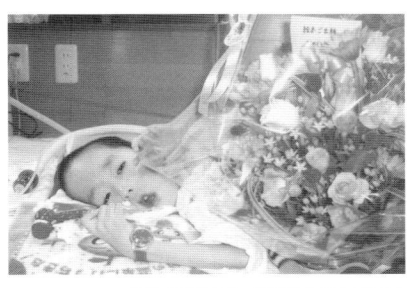

戸次吏鷹さん（当時小学5年生）

⇅ 意外な事実との出会い

戸次吏鷹さんの楽しみ
「1週間に3回受ける授業」

①絵本と出会う

　授業開始と同時に，絵本と出会わせる。
　そのときに題名から内容を予想させることによって，読んでみたいという気持ちを高めたい。
　教師から一方的に読み聞かせるのではなく，出会いをひと工夫するだけで，子どもたちは絵本の内容に興味をもつ。
　興味をもって話を聞けば，それだけ子どもたちの心に響くことになる。
　絵本との出会いを興味深いものにすることが，あとの意外な事実との出会いで大きな効果をもたらすことになる。

②作者と出会う

　絵本の作者について問いかければ，当然子どもたちは，大人だと考える。しかも話の内容からして，医者や科学者など，病気に関わるような人ではないか，という予想をするだろう。
　そこで，戸次さんの写真を提示する。
　意外な事実に大きな驚きが生まれるだろう。戸次さんについても教師から説明するのではなく，「戸次さんのことで，何か質問したいことがありますか」と問いかけたい。知りたいことについて答えることで，戸次さんへの理解がより深まるからである。

③意外な事実と出会う

　授業が楽しみという戸次さんの意外な事実を知らせることは，この授業の大きなねらいの一つである。
　そこで，次の発問が生まれた。
「戸次さんの楽しみは何だと思いますか」
　子どもたちからは，「絵本をたくさん書くこと」などという考えが出されるだろう。そこで，1週間に3回受ける授業が楽しみだということを知り，意外な印象をもつはずである。
　戸次さんにとって，学ぶことが大きな力となっていることに気づかせ，子どもたち自身の姿勢を振り返らせるきっかけとしたい。

授業プラン

04 からだ大冒険

ねらい：難病と闘う少年の生き方を知らせ，強い意志をもって目標の実現に向けて努力しようとする意欲を高める。（1-⑤，⑥向上心・個性伸長）

どんな話かな？

　授業開始と同時に絵本『からだ大冒険』の表紙を提示して，「どんなお話だと思いますか」と問いかけ，内容を想像させる。子どもたちは表紙の絵や書名から，「からだの中を科学者が冒険する話」などと予想するだろう。予想がいくつか出されたところで，読み聞かせをする。

① どんなところがおもしろかったですか。

　自由に感想を発表させる。
　・からだの中に入って病気を治すところがすごい。
　・自分も小さくなって冒険してみたい。

　絵本の作者名（文と絵）を板書して，お話を作った人は戸次吏鷹さんであることを確認する。

② 戸次さんは，どんな人だと思いますか。

　・からだのことを書いているのでお医者さんではないか。

　意見が出されたところで，「戸次さんは，（少し間をおいて）小学5年生です」と知らせ，戸次さんの写真をだまって提示する。

戸次さんを知る

③ 戸次さんのことで，何か質問したいことがありますか。

　・どんな病気なのか。
　・どうやって絵本を書いたのか。

　質問が出尽くしたところで説明する。
　戸次さんは，「ネマリンミオパチー」という重い病気のため，生まれてすぐに体が動かなくなり，人工呼吸器をつけないと呼吸ができません。口も自由に動かず，硬い物は飲み込むことができません。話すときは電子辞書で文字を画面に出して話をするそうです。お話は，左手の人差し指だけでパソコンのキーを打って作りました。

④ 戸次さんの楽しみは何だと思いますか。

　絵本を作っていることから，「物語を書くこと」という考えが出されたところで話をする。
　楽しみは授業だそうです。1週間に3回，家に先生がやってきて国語や算数を勉強しています。でも，作文がきらいだったそうです。そこで先生から「お話を作ってみようか」と言われて，左手の人差し指だけでパソコンを打って童話づくりに挑戦しはじめました。それが，この『からだ大冒険』という絵本になったのです。将来の夢は絵本作家だそうです。

⑤ 戸次さんががんばることができるのはどうしてでしょうか。

　・絵本作家になりたいという夢をもっているから。

【側注】

・このように予想させることによって，子どもたちは，よりいっそう絵本の内容に興味をもつ。

・絵本のおもしろさを十分出させることが，作者のことを考えるときの手がかりになる。

・予想を大きくくつがえされる写真を提示されて，子どもたちは驚くことになる。

・当然，いろいろ質問したいことがわきあがってきている。質問をもとに説明することで，子どもたちはより能動的に聞くことになる。

・戸次さんの意外な答えを示すことで，授業を受けられることが当たり前のようになっている自分たちの姿勢に気づかせる。

第3章 考えたくなる発問をつくろう

【板書】

```
からだ大冒険                                              自分の夢は？  なせば成る           為さざるなり
                                                                     なさねば成らぬ        あたわざるに非ざるなり
文 へつぎりょう    『からだ大冒険』    戸次吏鷹さんの写真   楽しみは  授業    成るものを成らぬといふは
絵 すがのやすのり   の表紙                                  将来の夢  絵本作家  なさぬ故なり
                                     へつぎりょうさん
                                     ・からだが動かない。
                                     ・人工呼吸器
                                     ・口も自由に動かない。
```

・絶対に夢を実現したいという強い気持ちをもっているから。

　子どもの考えを受け止めて，次のように言う。
「戸次さんのことを知って，思い出した言葉が2つあります。とても難しい言葉ですが，知りたいですか」と言って，次の言葉をカードで提示する。教師のあとをつけて何度か音読させたあと，全員で音読する。

　為さざるなり
　あたわざるに非ざるなり

> 難しい言葉をいきなり見せると，拒否反応を示す子もいる。難しさを予告することによって「見てみたい」という気持ちを引き出す。

⑥**どんな意味かわかりますか。**

　ほとんどの子どもたちはわからないだろう。そこで，説明する。

　これは，孟子という中国の人の言葉です。今から2,000年以上も前の人です。何かをやろうとしてうまくいかないとすぐあきらめてしまう人がいますが，それは何がなんでもなしとげようという覚悟がないからであって，やってやるという気持ちがある人には，不可能なことではない，という意味なのです。

「戸次さんの生き方と似ていませんか」と問いかけて，もう一度音読させる。
「もう一つはこれです」と言って，同じようにカードで提示する。

　なせば成る
　なさねば成らぬ
　成るものを成らぬといふは
　なさぬ故なり

　これも全員で音読させる。
　この言葉も，子どもたちにはピンとこないので，簡潔に説明する。
　この言葉は，江戸時代の手島堵庵（てしまとあん）という人の言葉です。意味は1つめの言葉とほぼ同じです。中国の人も日本の人も同じようなことを考えていたんですね。

　説明のあと，目を閉じさせて発問する。

> 難しい言葉でも，音読させることによって，言葉の感覚を身体で受け止めさせる。

⑦**今，どんな夢をもっていますか。**

　少し間をおいたあと，静かに目を開けさせ，ワークシートを配付し，「自分の夢とその夢をもったきっかけを書きましょう」と言って，自分の夢を書かせ，グループ内で発表させる。あこがれの職業や挑戦してみたいことなど，バラエティーに富む夢が出されるだろう。

　最後に「戸次さんのことを思い浮かべながら，もう一度聞きましょう」と言って，『からだ大冒険』の読み聞かせをする。
「夢に向かってがんばっているときに，もしくじけそうになったら戸次さんを思い出してください」と言って，授業の感想を書かせ，授業を終える。

> 時間があればグループの代表を1人ずつ全体で発表させてもよい。

> 言葉を書いた2つのカードは，教室に掲示し，時々音読させて，夢に向かう気持ちを持続させていくようにする。

第3章 05

具体的な問いで引きこめ！

やさいのおしゃべり

低学年
中学年
高学年

低学年に効果的な問いとは？

低学年には，抽象的な思考は難しい。だから，低学年を授業に引き込むためには，いかに具体的に問うかがポイントとなる。具体的に問うとは，見える物（色），聞こえる音（声）などを問うことである。具体的に問う方法は，中学年や高学年にも効果を発揮する。

感覚に訴える教材

小学2年生の担任から道徳の授業を頼まれたことがある。低学年の道徳は難しい。学習内容を感覚的に捉えさせなければならないからである。

しかし，感覚的に捉えさせるために効果的な素材がある。

絵本である。

視覚的に訴えかけることで，低学年にも伝わる道徳授業を創ることができる。そのためには，良質な絵本との出合いが必要である。

良質な絵本と出合うにはどうしたらいいのだろうか。

ノンフィクション作家の柳田邦男さんが，毎月1冊は絵本を買おうということを提唱している。絵本から大人も癒やされるからである。

教師としては，道徳授業の素材を発見するために，毎月1冊絵本を買うという習慣を身につけたい。

絵本のすばらしさ

絵本のよさは，抽象的な概念を具体的な例で，いつのまにか捉えさせてくれるところにある。

この授業で取りあげた『やさいのおしゃべり』（泉なほ作，いもとようこ絵，金の星社）も，食べ物を大切にするとはどういうことなのかを，野菜の表情やおしゃべりをとおして，わかりやすく伝えてくれる。

『ともだち』（谷川俊太郎文，和田誠絵，玉川大学出版部）という絵本もそうである。「ともだち」とは何かを，身近な例から段階的に示して，多様に捉えさせる工夫がしてある。

子どもに捉えさせたい概念を，わかりやすい例で伝えようとしている絵本は，優れた道徳の教材となる。

やさいのおしゃべり

この授業で活用する絵本『やさいのおしゃべり』も，毎月買ってきた絵本の1つである。

冷蔵庫の中の野菜が，なかなか食べてもらえずに嘆いている様子を描いた絵本である。

いもとようこさんのやわらかなタッチの絵もほのぼのとした気持ちにしてくれるし，場面の設定も低学年にとって感情移入しやすくなっている。

授業するにあたっては，保護者に協力をお願いした。低学年にとって保護者の存在は大きい。その保護者に協力してもらうことによって，授業の効果も増大する。

依頼したのは，子どもたちの家庭の野菜からの手紙を書いてもらうことである。

「喜んでいる野菜」と「泣いている野菜」の2種類である。子どもを思う保護者の気持ちがよく伝わってくるすばらしい内容の手紙だった。

具体的に問うとは

表紙を読みとる

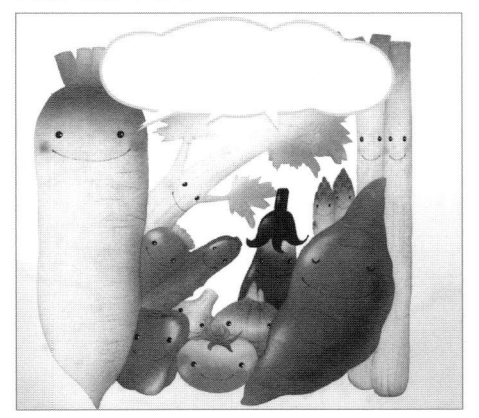

『やさいのおしゃべり』（泉なほ作，いもとようこ絵，金の星社）の題名を隠した表紙

題名から想像する

やさいのおしゃべり
（前掲書）

表情から想像する

（前掲書）

①野菜に対する興味・関心を高める

　『やさいのおしゃべり』という絵本の題名を隠した状態で表紙を提示する。低学年は，問われなければ考えることが難しいので，ふき出しの中が空白になっていても，ほとんど疑問をもたない。子どもたちは，表紙に描いてあるいろいろな野菜に興味を示すことだろう。

　そこで，低学年の興味・関心を大切にした問いかけをする。それが次の発問である。
「どんな野菜が見えますか」
　見える野菜を言えばいいので，ほとんどの子どもが発言できる。

②絵本の内容に対する興味・関心を高める

　表紙を十分に楽しんだところで，内容に対する興味・関心を高めていきたい。そのために，次の発問をする。
「野菜がたくさん集まって何をしているのでしょう」
　ここで，ふき出しに目を向ける子どもが出てきて，「何か話をしているのではないか」という考えが引き出される。この意見を受けて『やさいのおしゃべり』という題名に出合わせる。

③おしゃべりの内容に興味・関心を高める

　次に興味・関心を高めたいのは，おしゃべりの内容である。そこで，次の発問が出てくる。
「野菜たちは，どんなおしゃべりをしているのでしょう」
　考えるためのヒントとして，泣いているだいこんや困っているさつまいもの絵を提示する。
　具体的な表情を提示されることで，おしゃべりの内容を低学年なりに考えはじめる。

授業プラン

05 やさいのおしゃべり

ねらい　捨てられていく野菜の気持ちを考えさせ，自分たちの命を支えてくれている食べ物の命を大切にしようという気持ちを高める。（1-①節度・節制）

やさいのおしゃべり

絵本『やさいのおしゃべり』の書名を隠した表紙を提示して問いかける。

① どんな野菜が見えますか。

見えた野菜を言えばいいので，活発に挙手するだろう。

反応に応じて出された野菜を確認していく。子どもから出なかった野菜は，教師が教える。

② 野菜がたくさん集まって何をしているのでしょう。

ふき出しがあるので，「何か話をしている」と答える子がいるだろう。そこで，ふき出しに「やさいのおしゃべり」という言葉を入れる。

③ 野菜たちは，どんなおしゃべりをしているのでしょう。

思いついた子に発言させる。この発問によって，子どもたちに話の内容への疑問をもたせ，読んでみたいという意欲を高める。

> たくさんの野菜の絵を提示することによって，野菜への意識を高めるとともに，授業への勢いをつける。

> 絵本の内容に関わることを少しずつ問いかけていくことによって，授業のねらいに対する意識を高めていく。

泣いている野菜，困っている野菜

「どんなおしゃべりをしているかがわかるヒントを出します」と言って，泣いているだいこんと困っているさつまいもの絵を示す。

④ どうして泣いたり，困ったりしているのでしょう。

思いついたことを発表させたあと，次のように言って読み聞かせをする。「どうしてだいこんさんが泣いたり，さつまいもさんが困ったりしているのか，このお話を読めばわかります。それでは読んでみましょう」

> できればプロジェクターで大きくして見せながら読み聞かせをする（または，大きく拡大した紙芝居でもよい）。

きゅうりくんの運命は……

「ああ，とうとうすてられるんだ……」というところまで読んで発問する。

⑤ きゅうりくんは，どうなってしまうと思いますか。

「捨てられる」と思えば「す」，「食べてもらえる」と思えば「た」とノートに書かせる。挙手で人数を調べたあと，「きゅうりくんの運命を知りたいですか」と少しじらして続きを読む。

最後のページを示して問いかける。

⑥「これでれいちゃんちのれいぞうこは，だいじょうぶ！」と思いますか。

だいじょうぶと思ったら○，思わなかったら×を書かせる。挙手で人数を確認したあと，理由も発表させる。

> 全員に判断を迫ることで，次の展開を知りたいという気持ちを高める。

> ここでも，全員に判断を迫り，野菜に対する子どもの思いを出し合わせる。

野菜からの手紙

2枚のだいこんの絵を提示して発問する。

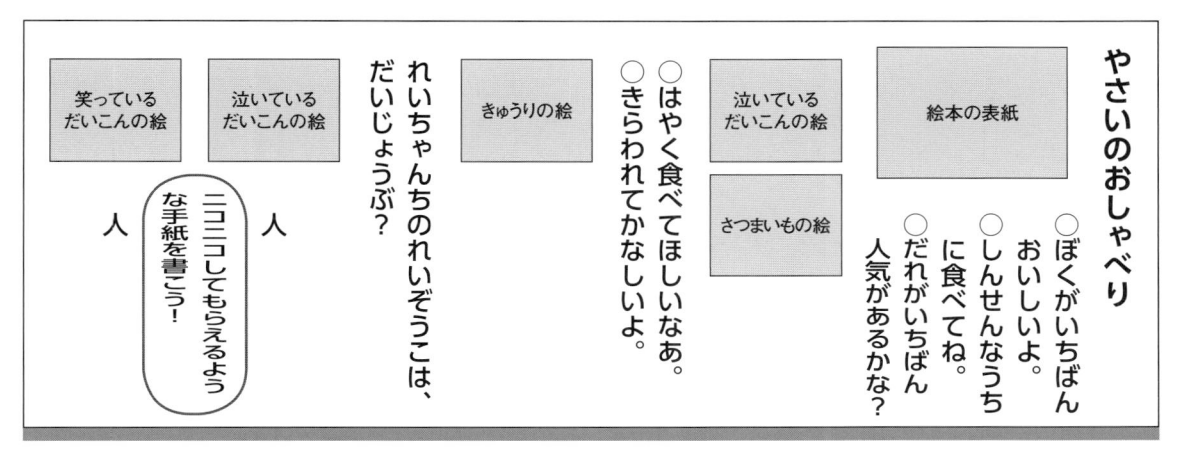

第3章 考えたくなる発問をつくろう

【板書】

やさいのおしゃべり
○ぼくがいちばんおいしいよ。
○しんせんなうちに食べてね。
○だれがいちばん人気があるかな？

絵本の表紙

泣いているだいこんの絵

さつまいもの絵

○はやく食べてほしいなあ。
○きらわれてかなしいよ。

きゅうりの絵

れいちゃんちのれいぞうこは、だいじょうぶ？

泣いているだいこんの絵

笑っているだいこんの絵

人　人

ニコニコしてもらえるような手紙を書こう！

⑦**みんなの家の野菜は，ニコニコしているでしょうか。それとも泣いているでしょうか。**

どちらかに挙手させて，理由も言わせる。

「実は，このクラスのお友だちの家の野菜からお手紙が来ています。喜んでいる野菜からかな？　泣いている野菜からかな？」と言って，保護者に頼んで書いてもらっていた「喜んでいる野菜」と「泣いている野菜」からの手紙を読む。

> きみはいつも食べ物をのこさず，にがてなものがあってもがんばって食べているよね。そうそう，きみはピーマンやネギが少しにがてだけれど，グッとがまんして食べていることをぼくたちは知っているんだよ。食べてくれてありがとう。うれしいよ。これからものこさず，モリモリ食べて元気なからだをつくっていってね。

「喜んでいる野菜」からだとわかるだろう。そこで，学級の子どもの名前を知らせて，みんなで拍手をおくる。

「次はどんな手紙かな」と言って，読む。

> こんにちは。ぼくは，キミにきらわれているグリーンピースです。青くさいと言って，ぼくを食べてくれないけど，小さいころはたくさん食べてたんだよ。ぼくはかなしいよ。ほかにもトマトやカボチャやキャベツやナスくんたちも「食べてくれな〜い」ってなげいていたよ。いっぱい食べて大きくなってほしいな。

こちらの手紙は「泣いている野菜」なので，子どもの名前は明かさない。もう一度，泣いているだいこんと笑っているだいこんの絵に注目させて問いかける。

⑧**どちらの野菜になってほしいですか。**

ほとんどの子は，ニコニコだいこんを選ぶだろう。

「それでは，みんなのおうちの野菜にニコニコしてもらえるような手紙を書きましょう」と言って，便箋を配付し，手紙を書かせる。早く書き終えた子に何名か手紙を発表させて授業を終える。

> 対照的なだいこんの絵を提示して，自分の家の野菜に目を向けさせる。

> できれば，学級の保護者に，授業の趣旨を知らせて，野菜からの手紙を書いてもらうとよい。それが難しい場合は，ここで示している手紙を活用する。

> ニコニコだいこんになってほしいという気持ちを学級全体で共有する。

第3章 06

意表を突くパターンを問え！

一番気持ちのいいあいさつ

低学年 / 中学年 / 高学年

パターンを知るおもしろさ

人は，自分の知っているパターンがすべてだと思い込みがちになる。しかし，自分が思いもかけなかったパターンに出合うと，おもしろさを感じる。そして，もっと別のパターンもあるのではないかと考えるようになっていく。

素材との出合い

「人柄がにじむ朝のあいさつ」という新聞投稿（宮崎日日新聞2010年6月18日）を読んで，これはいい素材だと感じた。

投稿した人の視点から，さまざまな人のあいさつのパターンが示されており，そのあいさつをどのように受け止めているかが具体的に書かれていたからである。

なぜこの投稿が目に留まったのだろうか。

それは，当時，小学校の校長をしており，子どもたちのあいさつの質を高めたいという思いを強くもっていたからである。

ここから，問題意識をもつことの重要性がわかる。

とはいうものの，教材化できないまま，3年が経過していた。いい素材でもすぐに教材化できるわけではなく，しばらく寝かせておくことが必要な場合もある。

教材化のきっかけ

素材と出合ってから3年後，なぜ再び目に留まることになったのだろうか。

それは，教職大学院の授業で，道徳の素材をいくつか示す必要が出てきたからである。いい素材だという意識をもって，常に素材ファイルの中のわかりやすいところに保管しておいたことが教材化につながることになった。

5つのパターンをいかすには

この投稿には，あいさつの5つのパターンが示してあった。
- A　恥ずかしそうにあいさつする人
- B　あいさつはするけど目は別の方を向いている人
- C　あいさつを無視する人
- D　立ち止まり脱帽して深々とお辞儀をする人
- E　はじけるような笑顔のあいさつをする人

これらを，どのように提示し，発問とからめていくかが，授業づくりの大きなポイントになる。

3つの段階で示す

そこで考えたのが，次の3段階である。
- 第1段階　資料から読みとる（A，B，C）
- 第2段階　予想したあと，読みとる（D）
- 第3段階　キーワードを考えさせる（E）

3つの段階で示すことによって，あいさつのパターンのおもしろさに徐々に気づかせ，いつのまにか，あいさつについて考えるように仕向けていこうとする授業プランである。

第3章 考えたくなる発問をつくろう

パターンを広げる

【資料】「人柄がにじむ朝のあいさつ」

人柄がにじむ朝のあいさつ
会社役員　早川　洋　53

　早起きをして近くをウオーキングしています。ほとんど毎日のように常連さんに会いますが、人さまざまです。恥ずかしそうにあいさつする人、あいさつはするけど目は別の方を向いている人、中にはあいさつを無視する人もいます。そんな人に限って両耳で音楽を聴きながら歩いています。まさに自分だけの世界を楽しんでいるかのようです。

　そうかと思うと、立ち止まり脱帽して深々とお辞儀をされる年配の人もいます。こちらも慌てて脱帽して丁寧にあいさつします。そのような謙虚な姿勢は見ならいたいものです。

　でも一番気持ちのいいあいさつははじけるような笑顔のあいさつです。笑顔の力は絶大です。努めて私も笑顔で接していきたいものです。朝のさわやかな空気の中、笑顔のあいさつで行き交う人の心を癒やせたらと思います。

（宮崎日日新聞 2010年6月18日，宮崎日日新聞社提供）

キーワード

```
一番気持ちのいいあいさつは
[　　　　　　　　　]
のあいさつです。
```

イメージさせる「はじける笑顔」の写真

（写真：アフロ）

①パターンを問う

　第1段階では、資料を読んだあと、「どんな人が出てきましたか」という誰でも答えられる問いから始める。A，B，Cの3つのパターンをおさえたところで「自分がこんなあいさつをされたらどんな気持ちがしますか」という問いをする。パターンによって、受け止め方がまったく変わってくることに気づかせるためである。第2段階では、A，B，C以外のあいさつをする人がいたことを伝え、「どんな人だと思いますか」という問いをする。最初の3つのパターンを手がかりに、自分でパターンを考えさせるのである。

②キーワードのイメージ化

　第3段階では、「はじけるような笑顔」というキーワードのイメージをしっかり捉えさせたい。そこで活用するのが、写真である。イメージ化できたところで実際にやらせてみると、より具体的に捉えることができる。

③言葉を深く考えさせる

　よい素材には、心に届く言葉が含まれていることが多い。この投稿を読んで、いい言葉だなと感じたのは、「笑顔の力は絶大です」であった。これは、キーワードと直結している言葉でもある。

　しかし、この言葉をただ伝えるだけでは、本当の意味で心には届かない。その言葉の意味するところを次のように問いかけるのである。

　「早川さんは、『笑顔の力は絶大です』と言っていますが、どんな力があるのですか」

　この問いかけによって、子どもたちは意味を考えはじめる。

授業プラン

06 一番気持ちのいいあいさつ

ねらい あいさつのしかたによって受ける印象が変わることに気づかせ，気持ちのいいあいさつをしようとする意欲を高める。（1-①生活習慣）

朝のあいさつ

授業開始と同時に，問いかける。

① 今日，誰かに朝のあいさつをしましたか。

友だちや近所の人，すれちがった人など，さまざまな人が出されるだろう。

② その人から，どんなあいさつが返ってきましたか。

- 元気よく「おはよう」と言われた。
- 小さな声のあいさつだった。
- あいさつが返ってこなかった。

> どの子どもも答えられる発問から授業を始め，発言しようとする意欲を高める。

> 自分のあいさつではなく，相手のあいさつに意識を向けさせる。

いろいろなあいさつ

「新聞に，早川さんという人が，次のような意見を載せていました」と言って，前半部分を読む。

③ どんな人が出てきましたか。

すぐに次の3つが出てくるだろう。

　A　恥ずかしそうにあいさつする人
　B　あいさつはするけど目は別の方を向いている人
　C　あいさつを無視する人

A，B，Cを板書して発問する。

④ 自分がこんなあいさつをされたら，どんな気持ちがしますか。

A，B，Cそれぞれのあいさつについて，さまざまな考えを出させる。BとCはいやな気持ちがするという声が多いだろう。特にCに対しては，憤りの声があがるだろう。

「早川さんが出会った人には，A，B，C以外のあいさつをする人もいたそうです。どんな人だと思いますか」と問いかけて予想を出させたあとに，続きを読んでDを板書する。

　D　立ち止まり脱帽して深々とお辞儀をする人

「どのようなあいさつかわかりますか」と言って，わかる子に実際にさせてみたあと，問いかける。

「こんなあいさつをされたらどうですか」

「とても気持ちがいい」という意見が出されるだろう。

> 新聞の投稿から，あいさつをされる側は，いろいろな印象をもっていることに気づかせる。

> 相手のあいさつに対する意見なので，発言しやすいが，これがあとで自分のあいさつを考えるときに意味をもつ。

> 予想させたあとに，知らせることで，どんなあいさつだろうかという興味をもたせる。

一番気持ちのいいあいさつ

「早川さんの話は，まだ続きがあります」と言って，次の板書をする。

　一番気持ちのいいあいさつは_____のあいさつです。

⑤ どんな言葉が入ると思いますか。

自分の考えをノートに書かせる。

> キーワードを隠して考えさせることで，一番気持ちのいいあいさつを印象づける。

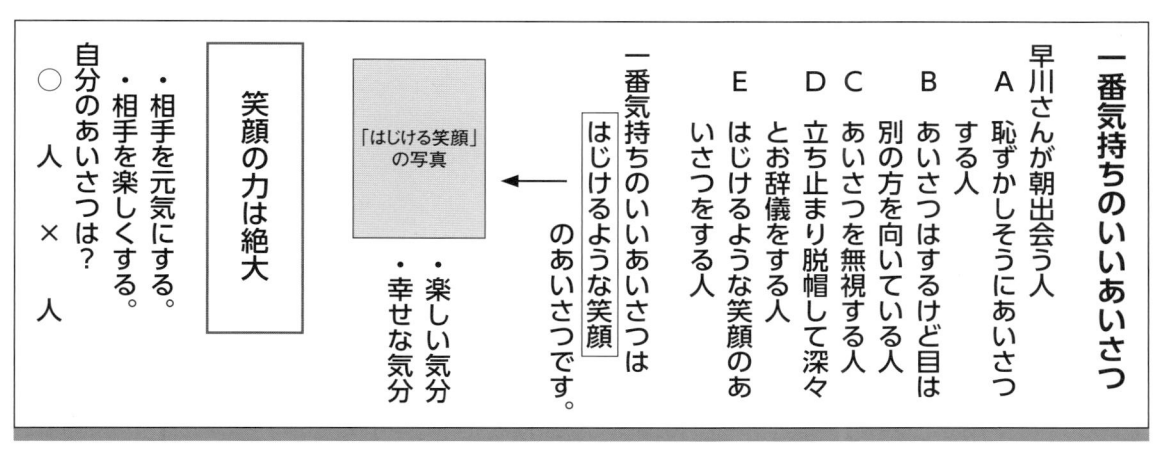

第3章　考えたくなる発問をつくろう

【板書】

```
一番気持ちのいいあいさつ
　早川さんが朝出会う人
A　恥ずかしそうにあいさつする人
B　あいさつはするけど目は別の方を向いている人
C　あいさつを無視する人
D　立ち止まり脱帽して深々とお辞儀をする人
E　はじけるような笑顔のあいさつをする人

一番気持ちのいいあいさつは　はじけるような笑顔　のあいさつです。

　「はじける笑顔」の写真　→　・楽しい気分　・幸せな気分

笑顔の力は絶大

・相手を元気にする。
・相手を楽しくする。

自分のあいさつは？
○　人
×　人
```

　　・元気な声　　・笑顔　　・さわやかな声
　考えが出尽くしたところで板書する。
　はじけるような笑顔

⑥「はじけるような笑顔」とはどんな笑顔ですか。

　子どもから考えを出させたあと，子どもの笑顔の写真を提示して，「このように『楽しい気分や幸せな気分が存分に表れた笑顔のこと』です」と補足する。「はじけるような笑顔」が理解できたところで，次のように問いかけ，実際にやらせてみる。
「はじけるような笑顔をやってみましょう」
　最初は教師に向けて，その次は，友だち同士でやらせる。すばらしい笑顔の子がいたら，みんなの前でさせてみる。その後，「早川さんの話の続きを読んでみましょう」と言って，後半部分を読み聞かせ，板書に書き加える。
　　E　はじけるような笑顔のあいさつをする人

⑦早川さんは，「笑顔の力は絶大です」と言っていますが，どんな力があるのですか。

　・笑顔は相手を元気にする。
　・笑顔を見たらとても楽しくなる。
　子どもの考えを受けて，次のようにまとめる。
「笑顔は，相手を元気にしたり，楽しくさせたりする力がある」

> はじけるような笑顔の意味を考えさせることで，さらにキーワードを意識づける。

> 写真で具体的なイメージを捉えさせることで，練習しやすくする。

> 笑顔の力を考えさせることで，「はじけるような笑顔のあいさつ」が，なぜ一番気持ちがいいのかに気づかせる。

自分のあいさつは？

⑧A～Eまで，いろいろなあいさつをする人が出てきましたが，自分のあいさつは，早川さんに会ったとき，「一番気持ちのいいあいさつだ」と言ってもらえそうですか。

　言ってもらえると思えば○，言ってもらえそうもないと思えば×をつけさせ，理由を書かせる。何人か理由を発表させる。
「『一番気持ちのいいあいさつだ』と言ってもらえるようなあいさつをしてみましょう」と言って，あいさつの練習をする（全員で→グループで→1人ずつのあいさつリレー）。
　最後に，授業の感想を書かせて授業を終える。

> これまで考えてきたことをもとに，自分のあいさつを振り返らせ，よいあいさつをしていきたいという意欲を高める。

> この授業は，学年のはじまりに実施するとよい。その後，学期のはじめや月はじめなどに確認して，「一番気持ちのいいあいさつ」が持続できるようにしたい。

第 3 章
07

判断を迫って切実感を生み出せ！
国境なき医師団

低学年 / 中学年 / 高学年

> **判断を迫ることで切実感が生まれる**
> ある状況で判断を迫られた場合，どちらかを選ばなければならない場合もあれば，よりよいと考えられる第3の方法を選ぶ場合もあるだろう。どちらにしても，判断を迫る問いかけは，子どもたちに切実感をもたらし，授業に緊迫感が生まれてくる。

判断を迫る意味

　人生には，どちらを選ぶかという判断を迫られることがある。それが生死に関わることであれば，そう簡単には判断できないこともあるだろう。判断したとしても，果たしてそれでよかったのかどうかという自問自答が，いつまでも心に残り続けるだろう。
　道徳の授業で，このような判断場面を子どもたちに提示し，考えさせることには，大きな意味がある。結論はなかなか出ないとしても，人生にはそのようなぎりぎりの判断を迫られる場面があると学ばせることは，子どもたちの生き方に大きな影響を与えるにちがいない。

極限状況での判断

　「国境なき医師団」で活動していた貫戸朋子さんを知ったのは，NHKの「課外授業ようこそ先輩」であった。1999年4月25日の放映であるから，もうずいぶん前のことになる。しかし，貫戸さんがこのとき子どもたちに問いかけたことは，まったく色あせることがない。
　酸素ボンベが1本しかないという過酷な状況の中で，瀕死の5歳の男の子を前に，貫戸さんは，酸素を切るかどうかという極限の判断を迫られた。切る判断をしたことを話したあと，子どもたちに，次のように問いかけている。
　そのあとわたしの中で良かったのか悪かったのか結論が出なかったので，みんなに考えてほしいんです。酸素をあげるべきだったのか，切ってよかったのか，考えてください。
　（NHK「課外授業ようこそ先輩」制作グループ編『国境なき医師団：貫戸朋子』KTC中央出版）
　貫戸さんも，判断せざるを得ない状況の中で決断したものの，その後，結論が出ないままなのである。

多様な教材化が可能

　判断を迫られたときの緊迫感を伝えるためには，本人の言葉が最も説得力をもつ。この授業の素材は，テレビ番組が書籍化されたものなので，貫戸さん自身の言葉が，そのまま文字にされている。さらに，貫戸さんの授業を受けた子どもたちの言葉もそのまま再現されている。だから，教材化するにあたって，さまざまな要素を入れることができるので，教師の意図を反映しやすい。
　ここで紹介した授業プランでは，酸素ボンベを切るか切らないかという部分に焦点をあて取りあげたが，いろいろな観点で教材化を試みることができるだろう。

判断を迫るために

貫戸朋子さん（『国境なき医師団：貫戸朋子』KTC中央出版より）

貫戸さんが直面した状況

```
酸素ボンベ1本だけ
```

```
瀕死の5歳の男の子
```

↓

発問 〈判断を迫る〉

「自分だったら，酸素ボンベを切りますか，それとも切りませんか」

↓

```
切実感
```

```
緊迫感
```

①状況を把握させる

　判断を迫るためには，そのときの状況をできるだけ具体的に把握させる必要がある。さまざまな状況を把握することが，判断の根拠となるからである。

　そこで，この授業では，最初に「国境なき医師団」についての情報を提示し，「国の境目が，生死の境目であってはならない」という思いを込めて活動していることを理解させる。

　その後，日本人として初めて国境なき医師団に参加した貫戸朋子さんについて知らせ，貫戸さんが直面した状況を，できるだけ本人の言葉のままで示すことにした（94ページに資料掲載）。

　そうすることによって，そのときの貫戸さんの思いが，子どもたちに臨場感をもって伝わるからである。

②判断を迫る

　①で示した状況を十分に理解させたうえで，次の発問をしたい。

　「自分だったら，酸素ボンベを切りますか，それとも切りませんか」

　医師の立場，母親の立場，男の子の立場，ほかの患者の立場など，どの立場で考えるかによっても，いろいろな意見が出されることになるだろう。

　実際，「課外授業ようこそ先輩」で授業を受けた子どもたちからも，「助からないかもしれない子に残り少ない酸素を使うよりは，まだ患者がいるんだから，その人のために使った方がためになると思う」（前掲書）など，さまざまな意見が出されている。

　必要に応じて，これらの意見を活用することも，考えを深めるヒントになるだろう。

授業プラン

07 国境なき医師団

ねらい　命の最前線にいる人の判断の難しさを理解させ，命を守るということについて，自分の考えをもとうとする態度を育てる。　(4-⑧国際理解・親善)

気づいたことは？

　授業開始とともに，ACジャパン「国境を越えた医者」の写真を提示して，全員立たせる。

> 全員立たせることによって，考えざるを得ない状況をつくる。

①気づいたこと，考えたこと，はてなと思ったことが見つかった人は，座りなさい。座った人は，２つめ，３つめを考えておきなさい。
　・マスクをしている。
　・お医者さんみたい。
　・外国の人だ。
　・後ろに書いてある文字は何かな。

> 写真から考えたことをできるだけ多く出させることで，国境なき医師団について理解しやすくする。

　考えが出尽くしたところで「これが何かわかる写真を見せます。これから見せる写真でわかった人は，今すぐ中学生になってもいい人です」と言って，貧困で苦しむ国の子どもたちの写真を提示していく。

> 「中学生」という言葉を使うことで，考えようとする意欲を高める。

　写真を見せたあと，もう一度，最初の写真を提示する。
　貧しい国で診察している人たちではないか，ということに気づく子が出てくるだろう。

国境の境目が生死の境目？

　「この写真には，こんな言葉が付けられていました」と言って，次の言葉を示す。

　　国の境目が，□□□の境目であってはならない。
　　　　　　　　　　　　　　　　　　（ACジャパン「国境を越えた医者」）

> キーワードを空欄にして提示することによって，「生死」という言葉を印象づける。

　空欄の言葉を考えさせる前に，「国の境目」という言葉の意味を確認する。
　「国の境目とは何ですか」
　国と国を区切る線だという考えが出されたところで，その線のことを「国境」ということを知らせる。

②□□□の中には，どんな言葉が入ると思いますか。
　なかなか言葉が思い浮かばない場合には，ヒントとして，次のような写真の説明を示す。
　　世界には必要な医療が受けられず途絶えてしまう命があります。
　　世界には十分な薬が届けられずに失われてしまう命があります。
　　　　　　　　　　　　　　　　　　　　　　　　　　（前掲広告）
　そしてもう一度，□□□の中の言葉を問いかけて，「生死」という言葉が入ることを伝える。

> 空欄に入る言葉がわかったあと，そのメッセージの意味を問いかけて，子どもの考えで理解を深めるようにする。

③どういう意味でしょうか。
　グループで話し合わせる。わからない場合には，わかった子に，ヒントを出

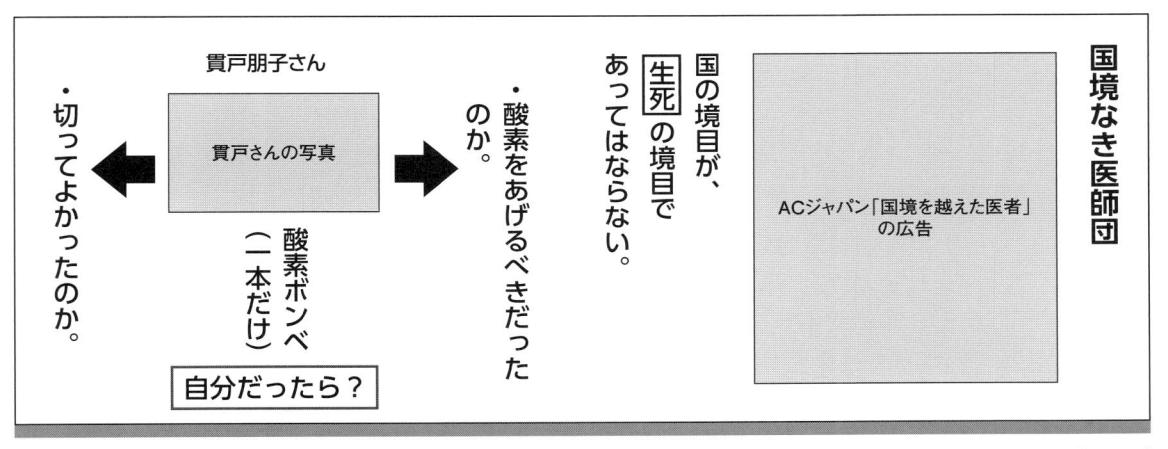

【板書】

```
国境なき医師団

ACジャパン「国境を越えた医者」の広告

国の境目が、生死の境目であってはならない。

貫戸朋子さん
　貫戸さんの写真
　酸素ボンベ（一本だけ）
　自分だったら？

←切ってよかったのか。
→酸素をあげるべきだったのか。
```

させて，考えさせる。

意味がわかったところで，「国の境目が生死の境目になっているから，このような呼びかけをしているのだ」ということに気づかせる。

生死の最前線で

もう一度，最初の写真を見せて，説明する。

「この人たちは，みんなと同じように，同じ地球に住む人なのに，国によって差があったらおかしいと考えて，死んでしまう人が多い国に行って助ける活動をしているお医者さんなのです。このようなお医者さんのグループを，次のように言っています」と言って，次の言葉を示す。

　国境なき医師団

なぜ「国境なき」なのか，問いかける。

この段階では，どの子も，答えることができるだろう。

④**日本人にも，「国境なき医師団」に参加している人がいると思いますか。**

「いる」と予想する子が多いだろう。

そこで，日本人として初めて国境なき医師団に参加した貫戸朋子さんの活動の様子を写真で提示して説明する。

「これは貫戸朋子さんという人です。日本の国境なき医師団の中の一人です。貫戸さんは，1994年，ボスニア・ヘルツェゴビナ共和国のスレブレニッツァという町に派遣されました。これから考えるのはそのときの出来事です」

資料「酸素ボンベを切るか，切らないか」（94ページに掲載）を配って範読する。

⑤**自分だったら，酸素ボンベを切りますか，それとも切りませんか。**

切るか切らないか決めさせ，理由を書かせる。

人数を確認したあと，少数派から意見を発表させる。

理由が出尽くしたところで討論させる。

医師の立場，母親の立場，子どもの立場から多くの意見が出されるだろう。

最後に授業の感想を書かせて授業を終える。

> 「国境なき」という言葉に着目させて，「国の境目が……」の言葉と関連づけて考えさせる。

> どちらがいいという結論を出すのが目的ではなく，生死の最前線で一生懸命仕事をしている人の苦悩に気づかせ，命を守るとはどういうことなのか，自分なりの考えをもたせる。

> 参観日などで実施し，保護者とともに考えさせるのもよい。1人でも多くの人の命を救いたい医師の気持ちやわずかの可能性にでもすがってわが子を助けてやりたい母親の気持ちなどについて考えさせ，命とは何かについて自分の考えを深めさせる。

【資料】「酸素ボンベを切るか，切らないか」

酸素ボンベを切るか，切らないか

　わたしが国境なき医師団の一員として派遣された*現地の診療所で働いていました。緊急の患者さんが来ました。お母さんに連れられた五歳の男の子でした。診たら、はあーはあーはあーってすごく苦しそうな息をしているんですよね。目は白目をむいてね、目がどんぶり上がって天井を向いているわけですよ。それで、はあーはあーはあーってやっている。

　これはもう助からない、とわたしは確信しました。この子はもう何をやっても今の状態では助からない。そのとき手伝ってくれていた看護婦さんが酸素マスクをその子につけてあげても、ただ、はあーはあーやるだけで顔色もよくならないし、楽にもならない。

　それでわたしは、どうしようかと思った。これはもう酸素を切ろうか、と。

　そのとき、酸素ボンベは一本しか残っていなかったんです。その一本が最後で、この次ここに、いつ酸素ボンベをもらえるかわからない。ひょっとしたら何か月も来ないかもしれない。けれども、これから酸素ボンベを必要とする人が来て、その人はその酸素ボンベで助かるかもしれない。手術をしなくちゃいけない人、また、生まれたばかりの赤ちゃんには、ちょっと酸素をあげると泣きだして元気になるってことはいっぱいあるんです。だからわたしは、あ、これは酸素をとっておきたい、と思ったわけです。

　しかし、いっしょに働いていた看護婦さんが（首を振りながら）酸素を切ってはダメだというジェスチャーをしていました。それでわたしは、もう切ろう、もう切ろうと思いながらも、すぐ切るのはやめて、五秒数える間待って、それでも変わらなかったので切ったわけです。

　君たちならどうするか。そんなこともしているのかどうか。ひょっとしたら助かったかもしれない……。助からないと判断したのはわたしで、それが正しかったか正しくなかったかという証明はありません。わたしの判断ではもう絶対助からないと思ったから切ったのです。けれど、それに対しておかしいという考え方もあるし、そのあとわたしの中で良かったのか悪かったのか結論が出なかったので、みんなに考えてほしいんです。酸素をあげるべきだったのか、切ってよかったのか、考えてください。

＊現地　ボスニア・ヘルツェゴビナのスレブレニツァ

（NHK「課外授業ようこそ先輩」制作グループ編『国境なき医師団：貫戸朋子』KTC中央出版）

第4章

全員参加させよう

第4章 01 のぼりに込めた願い

自己評価が意欲を生む！

[低学年] [中学年] [高学年]

自己評価で意識を高めよう

誰でも，いちばん興味があるのは，自分自身である。だからこそ，自己評価をうまく活用すると，大きな効果を生む。この授業でも，「自分の仕事に願いを込めているか」というものさしで自己評価させることによって，授業内容を真剣に受け止めざるを得なくなる。

地域の素材をいかす

新聞にはその地域ならではの記事が掲載される。そのような記事は，地域の人々しか関心を示さないことも多い。

しかし，記事には，取材した記者の視点が含まれており，そこから普遍的な内容を学べる場合もある。

ここで取りあげる「相撲のぼり岐阜で製作」（中日新聞2012年6月9日）という記事もそうであった。

まず，この記事の写真のカラフルな色が目に留まった。何の写真だろうと思って読んでみると，大相撲名古屋場所が近づいているため，相撲ののぼりを製作しているという内容である。

職人の心意気

一見，例年取りあげられる地域の風物詩みたいな内容で，特に授業に活用できそうな素材には見えないかもしれない。しかし，記事を読んでいるうちに，次の言葉が心に迫ってきた。

力士がけがなく活躍できるようにとの願いを込めている。
（「相撲のぼり岐阜で製作」中日新聞2012年6月9日）

注文してくれた人や力士が喜ぶような立派なのぼりを作ろうとしているのではなく（もちろん，そのような思いもあるだろうが），「力士がけがなく活躍できるようにとの願いを込めている」というのである。

ここに，6代目の吉田聖生さんの職人としての心意気を感じた。

だからこそ，吉田さんを取材した記者も，次の見出しを付けたのだろう。

> 活躍の願い 高々

（前掲紙）

願いを込めたところで，誰かに見えるわけではない。のぼりが高く売れるわけでもない。では，何のために願いを込めるのか。

このことを子どもたちといっしょに考えたいと思った。

自己評価をいかす

この記事は，自分自身の仕事に対する心構えを振り返る機会にもなった。自分は，どんな願いを込めて教師という仕事をしてきたのだろうか。吉田さんのように，誰の目に見えるわけではない部分に，熱い思いを込めて仕事をしてきたのだろうか。

子どもたちにもこの問いかけをすることによって自分の仕事を自己評価させ，これからの仕事に向かう姿勢を高めたい。そのような思いを込めてこの授業を創った。

第4章　全員参加させよう

自己評価をいかすために

吉田旗店6代目吉田聖生さん（中日新聞2012年6月9日）

↓ どんな願いを込めているのか？

活躍の願い 高々　相撲のぼり 岐阜で製作

七月八日に大相撲名古屋場所（日本相撲協会、中日新聞社主催）の開幕を控え、相撲ののぼり作りが、岐阜市青柳町の吉田旗店で最盛期を迎えている。

のぼりは長さ五・四㍍、幅九十㌢。力士の後援会などから注文を受け、五月末から一カ月で約五十本を作る。独特の「相撲文字」で書かれた力士名が、赤や青などに染められている。

吉田旗店は一八七二（明治五）年の創業直後からのぼり作りを手掛けている。六代目の吉田聖生社長（四七）は「力士がけがなく活躍できるようにとの願いを込めている」と話す。

（中日新聞2012年6月9日）
＊この記事・写真等は、中日新聞社の許諾を得て転載しています。

↓
のぼりを見る目が変わってくる
↓
自分の仕事の自己評価へ

①吉田さんの願いとの出会い

自分のこれまでの言動を振り返り、よい方向に成長していきたいという気持ちを高めるためには、振り返るための明確な視点が必要である。そこで、この授業では、まず、のぼりを製作している吉田さんの気持ちを写真をもとに考えさせる。ほとんどの子どもは、「立派なのぼりを作りたい」というような考えを出すだろう。そこで、「力士がけがなく活躍できるようにとの願いを込めている」という吉田さんの願いに出会わせ、インパクトを与えたい。

②願いの意味を問う

吉田さんの願いを提示したあと、子どもたちに問う。
「そんな願いを込めても意味がないのではないでしょうか」
意味があると思えば○、意味がないと思えば×を選ばせる。×を選ぶ子どももいるだろうが、そのときには討論をさせたい。話し合うことによって、仕事をするときの心構えに対しての認識は、さらに深まっていくはずである。

③自分の心構えを問う

授業の最後に、次の問いをする。
「吉田さんに負けないくらい願いを込めて自分の仕事をしていますか。自分の仕事に取り組む気持ちを4段階で表してみましょう」
ここで、「意味があるかどうか」という話し合いがいきてくる。
全員が自分の仕事に対する心構えを見つめ直さなければならなくなる。そして、4に近づくためにどうしたらいいのかを考えはじめるのである。

授業プラン

01 のぼりに込めた願い

ねらい：旗職人の仕事に対する思いにふれることによって，自分もみんなのために思いを込めて仕事をしたいという意欲を高める。（4-②，④勤労・奉仕）

のぼり作り

授業開始と同時に，相撲ののぼりを作っている写真を提示する。

① この写真を見て，気づいたことを発表しましょう。
- きれいな布がたくさんある。
- ていねいに作業している感じがする。
- 文字が書いてあるけど，何て書いてあるのだろう。
- 何を作っているのだろう。
- 相撲に関係あるのかな。

意見が出尽くしたところで，説明する。

> 写真からの気づきを十分に出させることによって，立派なのぼりが完成しつつあることやていねいに作業している様子を学級全体で感じさせる。

② これは，大相撲名古屋場所に向けて，のぼりを作っているところです。何か質問したいことがありますか。
- のぼりとは何ですか。
- 大きさはどれくらいですか。
- 作っている人は誰ですか。

質問を受けて説明する。

「のぼりとは，相撲の力士を応援するためのものです。のぼりの大きさは，長さ5.4メートル，幅90センチメートルです。作っているのは，岐阜県の吉田旗店の人で，1カ月で50本くらい作るそうです」

即座に答えられない質問が出された場合には，「いい質問ですね。先生にもわからないので，調べてわかった人は，ぜひ教えてください」と言う。

> 教師が一方的に説明するのではなく，子どもが知りたいことに答えることによって，積極的に話を聞かせる。

> 具体的な大きさを教室の中で示し，イメージがわくようにする。

> 教師がすべての質問に答えるのではなく，疑問は自分で調べようとする姿勢を育てていく。

作る人の気持ち

のぼり作りのことがだいたいわかったところで，問いかける。

③ 吉田さんは，どんな気持ちで作っていると思いますか。
- 力士が喜ぶような立派なのぼりを作りたい。
- 力士を応援できるのぼりにしたい。
- のぼりを見た人たちが感心するようなものにしたい。

考えが出されたところで，知らせる。

「吉田さんは，次のような気持ちを込めているそうです」

力士がけがなく活躍できるようにとの願いを込めている。

> のぼりの完成度に対する意見が多いと思われるが，一つ一つの考え方を肯定的に受け止め，吉田さんの思いを十分に考えさせたい。

願いを込める意味

「先生は，この願いを聞いて，不思議に思うことがありました。いったい何を不思議だと思ったのでしょうか」

難しい問いなので，なかなか意見は出ないだろう。思いついた子に言わせたあと，問いかける。

> 教師自身の疑問を提示することによって，吉田さんの思いについて考えようとする意欲を高める。

第4章　全員参加させよう

【板書】

のぼりに込めた願い

吉田旗店
1872（明治5）年創業
6代目吉田聖生（まさお）さん

長さ 5.4m, 幅 90cm

相撲のぼりの写真／相撲のぼりを製作する吉田聖生さんの写真

どんな気持ちで作っているか。
力士がけがなくかつやくできるように。

意味があるのか？
○　×
人　人

自分の仕事に願いを込めている
4
3
2
1

4に近づくためには？

④それは，願いを込めても誰にも見えないのに，どうして願いを込めて作るのか，ということです。そんな願いを込めても意味がないのではないでしょうか。

　子どもたちを見まわして言う。「意味があると思う人は○，意味がないと思う人は×を選んで，理由を書きなさい」
　どんな理由を書いているか，見てまわる。○を選ぶ子が多いと思われる。
　・願いを込めた方が心がこもるので，いいのぼりを作ることができる。
　意見が対立したら討論させてもよい。最終的には，○の方向でまとまるだろう。話し合いをもとに，誰かのためにという思いを込めた方が，仕事の質が高まることに気づかせていく。

> ○か×かで立場を表明させて，全員の思考を吉田さんの願いに向かわせる。

自分の仕事に込めた願い

「今，学級のなかでどんな仕事を担当していますか」
　自分の仕事（当番や係など）を思い浮かべさせる。

⑤吉田さんに負けないくらい願いを込めて自分の仕事をしていますか。自分の仕事に取り組む気持ちを4段階で表してみましょう。
　4：吉田さんに負けないくらい願いを込めている。
　3：まあまあ願いを込めている。
　2：あまり願いを込めていない。
　1：全然願いを込めていない。
　4段階のどこを選んだか，挙手させる。選んだ理由が言える子に何人か発表させたあと，問いかける。

⑥自分が仕事をするときに，どんな願いを込めてやれば，4に近づくことができると思いますか。
　自分の仕事と込めたい願いをカード（仕事名，仕事内容，願いが記入できるもの）に書かせる。
　・黒板消し当番　みんなが黒板の文字を読みやすくなるようにという願いを込めて仕事をしたい。先生が気持ちよく文字を書けるようにという願いを込めて仕事をしたい。
　書いたことを発表させたあと，授業の感想を書かせて授業を終える。

> 自分の仕事に対する思いを自己評価させることによって，あまり願いを込めていなかったことを強く意識させる。

> 書いている内容を見てまわり，書けている子どもの考えをいくつか紹介して，なかなか書けない子どもの参考にさせる。

> 1つ書けた子どもには，2つめ，3つめの願いも考えさせて，空白の時間をなくすようにする。

> カードは，教室に掲示して，仕事に対する意欲が持続できるようにしていく。

第4章 02

追いこんで発言させよ！

扉をたたき続けよう

低学年 / 中学年 / 高学年

発言せざるを得ない状況をつくろう

授業に本気で参加させるためには，発言させなければならない。発言させるためには，発言せざるを得ない状況をつくることが重要である。そのためには，まずは考えをもたせること，次に半ば強制的に発言させていくことが大きなポイントとなる。

始業式の話を創る

校長時代，行事や全校朝会で話す機会があると，小さな道徳授業をすることにしていた。

この授業も，3学期の始業式のために創った話がもとになっている。

素材は，たまたまラジオで聴いた話がきっかけだった。

「扉の向こうに行きたいと思ったときに，何回たたくか」という話だった。この問いに対して，松岡修造さんは，次のように言ったという。

「扉が開くまで，たたき続ける」

いい話だと思った。新年を迎えた3学期の始業式の話として活用できると思った。

話を作るにあたって，松岡さんの言葉を確認しておこうと考え，ホームページで調べてみた。「松岡修造の名言」には，次の言葉が紹介してあった。

> 100回たたくと壊れる壁があったとする。でもみんな何回たたけば壊れるかわからないから，90回まできていても途中であきらめてしまう。
> （「松岡修造の名言」）

ラジオで聴いたのと表現がちがうが，扉の方が子どもにとってわかりやすいと考えた。

ラジオから素材を発見する

ラジオから素材を発見するためには，聴いたときの判断が大切である。

「いい話だなあ」と思ったら，ドライブ中にたまたま聴いたとしても，すぐに車を止めてメモをするのである。

メモ帳を見ると，たとえば，次のような内容が書いてある。

①女子大生のアルバム
・笑顔で写っている。
↓
・30年後
幸せ，圧倒的に多い。
病気も少ない。

これは，「女子大生のアルバムに笑顔で写っている学生は，30年後に幸せな人生を送っている場合が圧倒的に多いうえに病気も少ない」という話を聴いたときのメモである。

この話を聴いたとき，「幸せで健康な人生を送るためには，笑顔の力が大きい」という授業ができるのではないかと感じた。

この授業の素材となる松岡さんの話を聴いたときにも，「これは授業の素材になる！」と感じたからこそ，すぐ車を止めてメモしたのである。

一瞬のチャンスを逃さないこと。これが素材を発見するポイントである。

発言させるステップ

扉

考えを全員に

列指名，ランダム指名

誰が指名されるかわからない

（緊張感）

判断を迫る

「本当か」

一万時間の法則

①考えをもたせる

　発言させるためには，子どもに自分の考えをもたせなければならない。そこで，この授業では，全員起立させてから，扉の写真を提示することにした。そして次の指示をする。
　「これを見て，気づいたことやはてなと思ったこと，考えたことが言える人は座りなさい」
　座るためには，自分の考えをもたなければならない。授業のはじまりで全員が参加せざるを得ない状況をつくってしまうのである。

②発言させる

　自分の考えをもったのだから，誰でも発言できるはずである。ところが，次のように言う教師がいる。
　「発表してくれる人？」
　これでは，全員に考えをもたせた意味がない。手をあげなければ当てられないのだから，全員立たせて考えさせても，真剣に考える必要がなくなる。
　列指名したり，ランダムに指名したりして，自分が発言させられるかもしれない，という緊張感をもたせるのである。
　全員に考えをもたせ，誰が発言させられるかわからない状況をつくることによって，全員が授業に参加するようになる。

③判断を迫り，発言させる

　授業の後半では，「一万時間の法則」を提示する。「一流になっている人間は，一万時間の練習を積み重ねている」という法則である。
　この法則について考えさせるために，「『扉をたたき続けられた人だけが，夢をかなえられる』というのは本当か」という問いを設定した。○か×かを選択させ，選択理由を次々と発言させていくためである。

授業プラン

02 扉をたたき続けよう

ねらい　あきらめずに続けた人だけが，目標に近づけるということに気づかせ，あきらめずに挑戦し続けたいという気持ちを高める。（1-②希望・勇気・不撓不屈）

扉を何回たたくか？

全員立たせて，扉の写真を提示する。

① これを見て，気づいたことやはてなと思ったこと，考えたことが言える人は座りなさい。

全員が座ったところで，何人かに発表させる。

・何かの入り口みたい。
・重そうな扉だ。

② この扉を開けようと思ったら，開きませんでした。それでも向こうに行きたいと思ったら，何回たたきますか。

口々に言わせたあと，何人かに発表させる。

③ 100回たたいても開かなかったら，あきらめますか。

「あきらめる」という子は○，「あきらめない」という子には×を書かせ，挙手させる。何人かに○や×の理由を発表させる。

「あきらめる」という子からは，「100回もたたいて開かないんだから，それ以上たたいても無駄だ」というような意見が出されるだろう。「あきらめない」という子からは「たたき続けないと，絶対開けることはできない」というような意見が出されるだろう。相手に言いたいことがあれば，発表させる。

> いきなり扉の写真を示し，いったい何の学習だろうという疑問をもたせる。

> 全員立たせて考えさせることによって，授業に参加せざるを得なくする。

> 全員に○か×を選択させ，一人ひとりが考えをもつようにする。

> ○や×でもいろいろな考え方があることに気づかせるとともに，反論させることによって，たたくかたたかないかということに対する考えを深めさせる。

松岡修造の考え

松岡修造さんの写真を提示する。

「この人は松岡修造さんという人です。どんな人か知っていますか」と問いかけ，テニスをしている写真を見せたあと，イギリスの国旗を提示し説明する。

「松岡さんは，イギリスのウィンブルドンというところで行われた世界的なテニスの大会で，日本人として62年ぶりにベスト8まで勝ち進んだすごい選手でした。

松岡さんは，扉について，どんなことを言っていると思いますか」と問いかけて少し間をおく。「こんなふうに言っています」と言って，「扉が開くまでたたき続ける」を示し，音読させる。

④ 扉が開くとどうなるのでしょうか。

少し間をおいて，扉を開けて見せて「夢」や「目標」が表れることを示したあと，次の言葉を示して音読させる。

扉をたたき続けられた人だけが，夢をかなえられる。

⑤「扉をたたき続ける」とはどういう意味でしょうか。

難しい発問だが，発表できる子がいるだろう。

「夢や目標に向かって，努力することだ」という考えが出されるだろう。意見をもとに，次のように整理する。

扉をたたき続けること＝夢や目標のために努力を積み重ねること

> 経歴や問いかけを交えて，松岡修造さんの言葉を示すことにより，言葉との出会いを印象づける。

> 出された意見がどういう意味かを問いかけ，子どもの言葉で学級全員が理解できるようにしていく。

第4章 全員参加させよう

扉をたたき続けよう

```
[扉の写真] → [松岡修造さんの写真]
     ↓              ↓
   開く        扉が開くまで
  目標 夢      たたき続ける。
              扉をたたき続けら
 一万時間の法則  れた人だけが、夢
              をかなえられる。
```

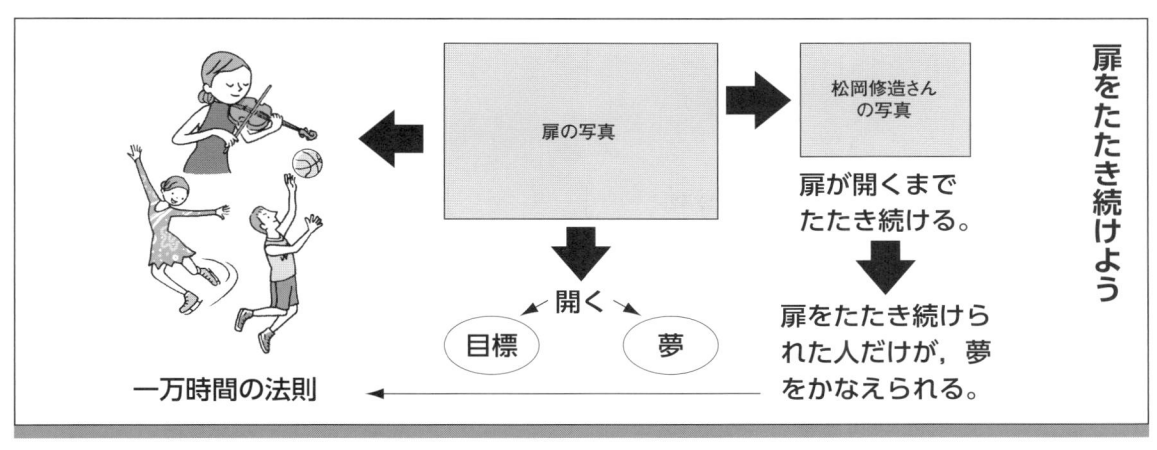

【板書】

よい考えは、復唱させて理解を深める。

一万時間の法則

⑥「扉をたたき続けられた人だけが、夢をかなえられる」というのは、本当でしょうか。

　本当だと思えば○、そう思わなければ×を書かせ、理由を考えさせる。挙手で人数を確認したあと、少数派から考えを発表させる。意見が対立したら、討論させる。意見が出尽くしたところで「**一万時間の法則**」を示す。

⑦「一万時間の法則」とは、どんな法則でしょうか。

　考えを発表させたあと、バイオリニストとピアニストの絵を示して話す。「バイオリニストやピアニストで、世界レベルのプロになっている人は、一万時間の練習をしているそうです」

　次に、バスケット選手とスケート選手のイラストを示して、同じように話す。「スポーツ選手も、一万時間の練習をした人だけが一流のプロになっているそうです」。さらにたたみかけて、いろいろな職業の人の絵を示して言う。「どんな仕事をしている人も、一流のプロになっている人は必ず一万時間の練習をしてきた人だそうです」

⑧この事実から、どんなことがいえますか。

　出された意見をもとに、「一万時間の練習を積み重ねた人だけが、夢がかなう（一流になれる）という法則」としてまとめる。

たたき続けたい扉の向こうには

⑨あなたの扉の向こうには、どんな夢や目標が待っていますか。

　ワークシートを配付して、扉の向こうにある夢や目標を書かせる。最後に言う。

　「新しい年になって、夢や目標を立てた人がたくさんいると思います。その夢がかなえられるようにしたいと思う人は、松岡さんに負けないように、扉をたたき続けてください。誰が夢の扉を開くことができるか楽しみにしています」

　最後に、「**扉をたたき続けよう！　きっと、夢がかなう！**」を音読させて話を終える。

> 松岡さんの言葉をそのまま受け止めさせるのではなく、子ども一人ひとりに考えさせる。

> 目標を達成するために大切なのは、素質や才能ではなく、努力し続けられるかどうかが重要であることを熱く語り、自分には素質や才能がないからとあきらめ気味な子どもを勇気づけていく。

> 自分の夢や目標の達成に向かってがんばっていこうとする意欲を高める。

第4章 03

切り返して深い思考へ！

ペイフォワード

低学年 / 中学年 / 高学年

切り返して判断を迫ろう

子どもから，授業の核心に迫る意見が出される。しかし，その意見をいかして，全員を授業に巻き込み，より深い思考へ導こうとする教師は少ない。それは，「切り返す」という意識が弱いからである。

著者に出会う

ある本から感銘を受けたら，その著者の本をできる限り追い続けて読む。これが私の読書方法の1つである。だから，追い続ける著者がどんどん増えていく。

聖路加国際病院の日野原重明さんもそのような著者の1人である。次に示すのは，日野原さんの言葉で心に残っている言葉の1つである。

人は，まわりの多くの人たちや，さまざまな物事から，たくさんのボールを投げかけられながら成長するものです。そうするとやがて，受け取ってきたボールをどこへ，どのように投げ返すべきかが人生の課題になる。
（日野原重明『アートでいきいき』実業之日本社）

自分は，どこへ，どのように投げ返せばいいのだろう，と考えさせられる。たとえば，本書を書くことも，ボールを投げ返すことの1つではないか，と思う。

このように，感銘を受けた著者の本を追いかけているうちに，道徳の授業の素材を発見することもある。

素材に出会う

『今日の「いのち」のつかい方』（主婦の友社）は，まさしく素材を発見した本であった。

この本のなかで，日野原さんは，映画『ペイフォワード』を紹介している。

『ペイフォワード』の主人公である11歳の少年トレバーは，社会科の授業で，「もし自分の手で世界を変えたいと思ったら，何をしますか」という課題を出されます。そこでトレバーが考えついた奇想天外なアイデアは，人からいいことをしてもらったとき，その相手に対して恩返し＝"ペイバック"するのではなく，「他の誰かに違う形でその善意を広げていく＝"ペイフォワード"」というものです。
（日野原重明『今日の「いのち」のつかい方』主婦の友社）

これを読んだとき，「ペイフォワード」という考え方を子どもたちに伝えたいと思った。

トレバーの立場に立たせる

映画のなかの先生の問いかけは，そのまま子どもたちに考えさせるための発問となる。

この発問によって，子どもたちをトレバーと同じ立場に立たせることができる。子どもたちは，自分の考えとトレバーの考えを比較し，「ペイフォワード」という考えのすばらしさを認識することになる。

第4章　全員参加させよう

多様な考えを引き出そう！

『ペイフォワード』*

「自分の手で世界を変えたいと思ったら」
↓
切り返して判断を迫る

トレバーの答え

さらに切り返す
↓
ペイフォワードで世界を変えられるの？

①考えを引き出す

　子どもから出された考えを切り返すために前提となるのは，多様な考えを引き出すということである。それらの考えのなかに，切り返しに値する考えが含まれている可能性がある。
　この授業では，映画のなかで使われていた問いを子どもたちにぶつけている。
　「もし自分の手で世界を変えたいと思ったら，何をしますか」
　この問いに対して，多様な考えが出されるだろう。たとえば，次のような考えである。
・偉い人に手紙を書いて平和な世界になるようにお願いする。
・勉強して世界を変えることができるような力をつける。

②切り返して判断を迫る

　出された考えに対して，どのように切り返せば，全員を授業に巻き込むことができるのだろうか。
　次のように，全員に判断を迫ればいいのである。
　「『勉強して世界を変えることができるような力をつける』という考えが出されましたが，なるほどと思ったら○，それではちょっと無理だと思ったら×を書きなさい」
　この切り返しによって，全員の子どもたちが，出された考えに対して自分の判断を下さなければならなくなる。
　○か×か判断を下したら，理由を問う。
　こうすることによって，いやでも考えざるを得なくなる。
　「切り返して判断を迫る」
　この意識をもつだけで，授業はぐんと深くなる。

*『ペイ・フォワード』DVD ¥1,429＋税，ワーナー・ブラザース・ホームエンターテイメント

授業プラン

03 ペイフォワード

ねらい:「ペイフォワード」という考え方を知らせ，自分も誰かのために役立つことをしようとする気持ちを高める。(4-②, ④社会奉仕)

思いやりを感じたこと

授業開始と同時に問いかける。

①思いやりを感じたことがありますか。

> 多くの子どもが発表できる経験から入り，授業への参加意欲を高める。

となり同士で出し合わせたあと，数名を指名し，発表させる。
・けがをしたとき，「大丈夫？」と声をかけてもらった。
・1人でいたらいっしょに遊ぼうと言われた。
・忘れ物をしたら貸してくれた。

②思いやりを感じたとき，どうしましたか。

> 思いやりのある行動をしてくれた人に対する意識しかないことを確認しておく。

「ありがとう」とお礼を言ったというような対応がほとんどだろう。

映画『ペイフォワード』からの提案

映画『ペイフォワード』のポスターを提示する。
「この映画を知っていますか」と問いかける。ほとんど知らないだろう。
「この映画に登場する学校の先生は，次のように生徒に問いかけました」と言って板書する。

> 映画での先生の問いかけであることを知らせ，考えてみたいという意欲を高める。

もし自分の手で世界を変えたいと思ったら，何をする？

現在の自分でできることであることを確認したあと，何をするか書かせる。書き終えたところで発表させる。
・偉い人に手紙を書いて平和な世界になるようにお願いする。
・勉強して世界を変えることができるような力をつける。

> ユニークな意見が出されたら，学級全体に切り返して判断を迫り，ほかの子どもの意見を出させる。

意見が出されたあと，主人公のトレバーの写真を提示する。
「これは，映画の主人公のトレバーです。トレバーは，自分のアイデアを黒板に図にして描いています」

③トレバーのアイデアがわかりますか。

ほとんどの子どもはわからないだろう。
そこで，「こんなアイデアです」と言って板書する。

自分が受けた思いやりや善意を，その相手に返すのではなく，別の3人の相手に渡す。

どんなアイデアかわかった子どもに，トレバーの描いた図をもとに説明させる。
「意味がわかりましたか」と問いかけて，さらに何人かに説明させたあと，「このことをこう言います」と言って言葉を板書する。

> キーワードの意味を問いかけて，一人ひとりの理解を図る。

ペイフォワード

その後，図を描いて，次から次に3人ずつ「ペイフォワード」が広がっていく様子を示して理解を図る。

> 図を示すことによって，ペイフォワードのイメージをしっかり捉えさせる。

【板書】

```
ペイフォワード
思いやりを感じたこと
・だいじょうぶ？
・いっしょに遊ぼう。
・けしゴムをかしてくれた。
→
［ありがとう］
もし自分の手で世界を変えたいと思ったら、何をする？
・えらい人に手紙を書く。
・勉強して力をつける。

トレバー
ペイフォワード
自分が受けた思いやりや善意を、その相手に返すのではなく、別の3人の相手に渡す。

世界を変えることができるか？
×人　○人
```

世界を変える力があるか

言葉の意味がわかったところで発問する。

④「ペイフォワード」で世界を変えることができるでしょうか。「変えられる」と思ったら○，「変えられない」と思ったら×をつけさせ，その理由も書かせる。

挙手で○×の人数を確認したあと，少数派から理由を発表させる。

【○派の理由】
・1人が3人ずつペイフォワードをやっていったら，世界中に広がり，世界を変えていくことができるかもしれない。

【×派の理由】
・何人かでやっても，世界中に広げることは難しいから，変えることはできない。

理由が出尽くしたところで，相手に対する意見を出させ，討論させる。

> ペイフォワードという考え方のよさを感じさせるだけでなく，その効果を検討させることによって，さらに考えを深める。

身の回りにあるペイフォワード

⑤この人は，ペイフォワードをやっているなと感じたことはありませんか。

身の回りから，誰かに思いやりの心を発揮している子どもを発表させる。
・泣いていた1年生に優しくしていた。
・困っている友だちの相談に乗っていた。

教師が見つけた学級内のペイフォワードの実例（ここでは，思いやりの行動をしている子どもの例となる）を提示したあと（可能であれば，写真を撮っておいて提示する），授業の感想を書かせて授業を終える。

> 身近なところにもペイフォワードに近い行動をしている友だちがいることに気づかせ，実践への意欲を高める。

第4章
04

意思表示で関心を高めよ！
「捨てる世紀」で終わるんですか

低学年 中学年 高学年

意思表示に値する場面を！
意思表示をさせることによって，子どもたちは授業に積極的に参加するようになる。それぞれの立場から意思表示をすることによって，お互いの考えに関心をもつようになる。教師の役割は，意思表示をするに値する場面を設定することである。

1999年の授業プラン

「『捨てる世紀』で終わるんですか。」というACジャパンの広告をいかして最初の授業プランを創ったのは，1999年10月だった。

当時，教育行政にいた私は，家人に頼んでこの授業をやってもらった。参観日での授業だったらしく，子どもと保護者の感想が残っている。
【子どもの感想】
・ぼくは捨てる世紀で終わりたくないからリサイクルをいっぱいしたいです。
・ゴミは捨てるからいかすへの言葉に変わりました。
【保護者の感想】
・夕食のとき，ちょうど「捨てる世紀」のコマーシャルが。我が家も今，古い物の整理をしています。出る出るゴミの山。古着，おもちゃ……。ちょうど今のテーマ。じっくり考えさせられます。

子どもと保護者にとって，心に残る授業となったらしい。

よみがえった授業プラン

10数年前に創った授業プランが，よみがえることになった。

それは，「『捨てる世紀』で終わるんですか。」という問いかけが，今も大きな意味をもち続けていることに気づいたからである。

この問いかけには，20世紀の終わりに，「捨てる」ことが平気になっている世の中の現状を考えてほしいという思いが込められていた。2000年には，後編が作られ，そこには，次の言葉がある。

「捨てる世紀」から「活かす世紀」へ。
　　　　　　　　　　　　　　（ACジャパン）

21世紀は，「活かす世紀」となってほしいという願いが付け加えられたというわけである。

さて，21世紀は，「活かす世紀」になったのだろうか。現状を見る限り，「捨てる世紀」が続いているようにしか思えない。東日本大震災では，ふるさとまで捨てることになってしまった人々もいる。「捨てる世紀」が加速しているといえるのかもしれない。

だからこそ，21世紀が「活かす世紀」になってきているのかを子どもたちに問いかけたい。

こうして，10数年前の授業プランがよみがえった。

授業プランに完成形はない。

修正されて少しずつ進化していく。

この授業プランのように，10数年後に修正されることもあるのである。

砂時計のインパクトをいかそう

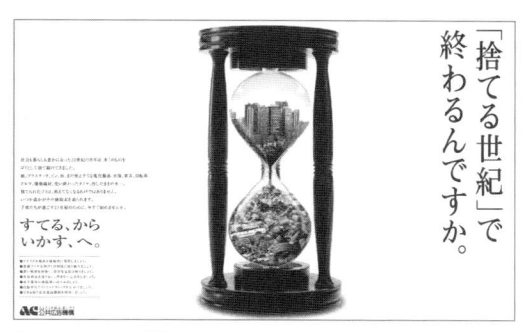

(ACジャパン「『捨てる世紀』で終わるんですか。」, 協力：ACジャパン)

↓

「捨てる世紀」で終わるんですか。

ひっくり返したい！

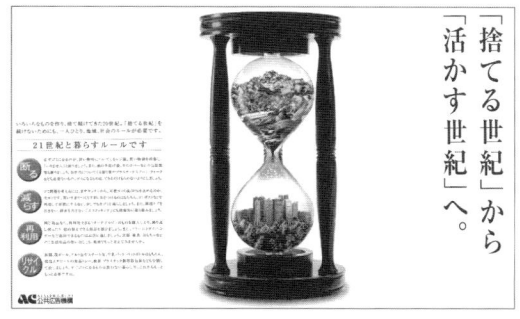

(ACジャパン「『捨てる世紀』から『活かす世紀』へ。」, 協力：ACジャパン)

↓

「活かす世紀」になっていますか。

ひっくり返すには？

①砂時計の意味を問う

広告で示されている砂時計には、インパクトがある。一見普通の砂時計に見えるが、よく見ると、上の方にビル群がある。

「おやっ？」と思って下の方に目を向けると、いかにも捨てられたという感じのタイヤ、自転車、自動車などが見えてくる。

教師自身が感じたインパクトを子どもたちにも感じさせたい。そのために、砂時計を黙って提示し、気づきを待つ。

重要なのは、気づきから意味を考えさせることである。

ここから次の発問が浮かんでくる。
「この砂時計はどんなことを言いたいのでしょう」

②切実感を高める

砂時計の意味を捉えた子どもたちに、次々と問いかけていく。
「砂時計がこのままだとどうなりますか」
「また作って入れればいいのではないですか」
「この砂時計をどうしたいですか」

危機感を募らせた子どもたちは、「ひっくり返したい」と言うはずである。

これが砂時計で考えるよさである。

実際、2000年の広告の後編で、ひっくり返した砂時計が提示してある。

③意思表示させる

ひっくり返すためには、どうしたらいいのだろうか。授業の最後で、自分にできることは何かを意思表示させたい。

砂時計で表された世界の現状に対して切実感をもった子どもたちは、真剣に考える。これが、意思表示するに値する場面を設定するということである。

授業プラン

04「捨てる世紀」で終わるんですか

ねらい　「捨てる世紀」から「活かす世紀」になっているか考えさせ，自分たちにできることを実践していこうとする意欲を高める。　(3-②自然愛・環境保全)

何の砂時計？

　授業開始と同時に砂時計の写真を提示する。
「砂時計だ」という声があがるだろう。しかし，普通の砂時計と様子がちがうので，「何か変だ」という子もいるだろう。

> 砂時計の中を注意深く見せることによって，いろいろな気づきを引き出し，いったい何の砂時計だろうという疑問をもたせる。

①砂時計の中に何が見えますか。
  ・上の方にはビルが見える。
  ・下の方にはタイヤや壊れた自転車，自動車などが見える。

> 気づいた子どもの考えを高く評価し，自分も考えようとする意欲を高める。

②この砂時計はどんなことを言いたいのでしょう。
　少し難しい問いかけなので，何か気づいた子どもに考えを言わせたあと，それをヒントに考えをノートに書かせる。
  ・ゴミが多すぎて捨てるところがない。
  ・ゴミを何とかしないと大変なことになる。
  ・これ以上ゴミを出さないでほしい。

捨てる世紀

> 「世紀」の意味の理解を図っておくことが，21世紀について考えるときに重要となる。

「これは，ある広告に使われていた写真ですが，この広告が作られたのは1999年でした。つまり20世紀が終わる前です」と言ったあと，「『世紀』ってわかりますか」と問いかけ，わかる子どもに説明させて理解を図っておく。
「この写真には，次のような言葉が付いていました」と言って，「『捨てる世紀』で終わるんですか」と板書する。

③この言葉は，何を訴えかけているのでしょうか。
「20世紀はたくさんのモノを捨ててきた世紀であり，そのことを反省しないまま終わっていいのかということを訴えかけている」という考えが出されるだろう。そこでプリントを配付し，範読する。

> 特に，「捨てられたゴミは，消えてなくなるわけではありません」という部分に対する意見を取りあげ，学級全体に意見を聞いてもよい。

　社会も暮らしも豊かになった20世紀の日本は，多くのものをゴミとして捨て続けてきました。紙，プラスチック，ビン，缶，まだ使えそうな電化製品，衣服，家具，自転車，クルマ，建築廃材，使い終わったタイヤ，汚したままの水……。捨てられたゴミは，消えてなくなるわけではありません。いつか誰かがその後始末を迫られます。子どもたちが過ごす21世紀のために，今すぐ始めませんか。
　　　　　　　　　　　（ACジャパン「『捨てる世紀』で終わるんですか。」）
　読んで感じたことをとなり同士で話し合わせる。その後，発表したい子どもに何人か発表させる。
「実は，この文章のあとに，こんな言葉が付けられていました」と言って板書する。
　すてる，から□□□，へ。

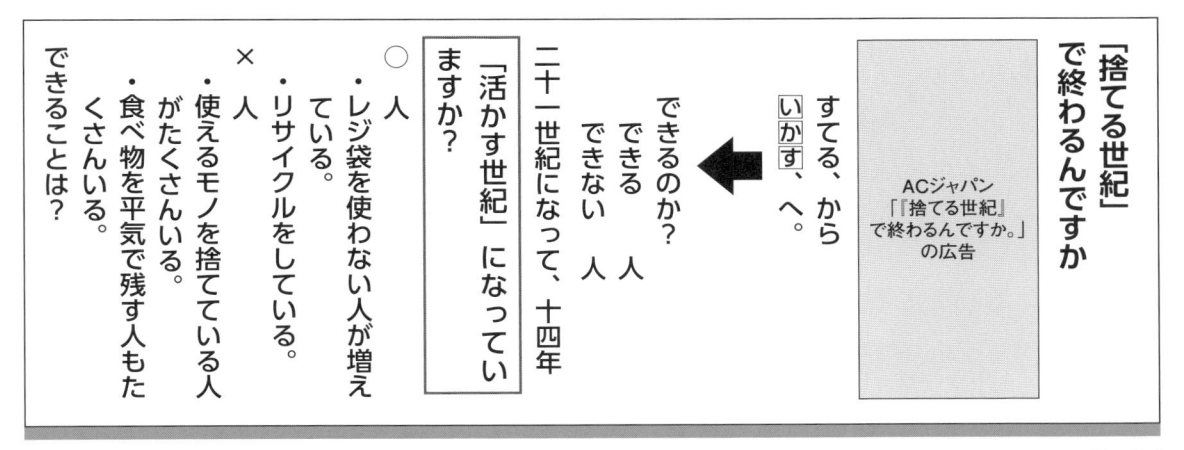

【板書】

```
「捨てる世紀」で終わるんですか

    ACジャパン
    「『捨てる世紀』
    で終わるんですか。」
    の広告

すてる、から
いかす、へ。

         ←   できるのか？
              できる 人
              できない 人

「活かす世紀」になっていますか？
二十一世紀になって、十四年

○人
 ・レジ袋を使わない人が増えている。
 ・リサイクルをしている。
×人
 ・使えるモノを捨てている人がたくさんいる。
 ・食べ物を平気で残す人もたくさんいる。

できることは？
```

すてる，から　いかす，へ

④ □□□に入る言葉は何でしょう。

　ノートに書かせてから発表させる。「ひろう」くらいしか出ないかもしれない。意見が出尽くしたあと，「いかす」であることを知らせる。

⑤ ゴミとして捨てようとしたものを「活かす」ことができるのでしょうか。

　「できる」「できない」のどちらかを選ばせて理由を書かせる。挙手させて人数を確認したあと，少ない方から理由を発表させる。発表させたあと，討論になりそうであれば，しばらく話し合わせる。

> 「いかす」であることを知らせたあと，広告の映像を見せると，より実感をもって捉えさせることできる。

> 話し合いでは，できるだけ具体的な例をあげている意見（「小さくなった服でぞうきんを作って活かしたことがある」「食べ残したものはどう考えても活かすことはできない」など）を評価する。

「活かす世紀」になっているか

「21世紀になって何年たちましたか」と問いかけ，子どもの答えを板書する。

⑥ 21世紀になって14年たっていますが，この広告を作った人に，「活かす世紀になっています」と答えられますか。

　答えられると思えば○，答えられないと思えば×を選ばせ，理由を書かせる。少数派から意見を出させる。

【○派】
　・レジ袋を使わない人が増えている。
　・リサイクルをしている。

【×派】
　・使えるモノを捨てている人がたくさんいる。
　・食べ物を平気で残す人もたくさんいる。

　意見が出尽くしたあと，○と答えられない状況がまだまだ多いことを確認し，「このままでいいですか」と問いかける。ほとんどの子どもは，このままではだめだと考えるだろう。

⑦ 「活かす世紀になっています」と胸を張って答えることができるようにするために，できそうなことがありますか。

　ノートに考えを3つ以上書かせ，グループ内で発表させる。その後，よい考えを3つ選ばせてカードに書かせ，全体で紹介させる。最後に授業の感想を書かせて授業を終える。

> ○×の意見が出尽くしたあと，教室のゴミ箱に捨ててあったモノをいくつか集めておいて提示し，自分たちの生活と関連づけて，さらに考えさせてもよい。

> カードは，期間限定で掲示しておき，取り組んでいる子どもを紹介したりして，実践への意欲を高める。

第4章 05

グループ活動を活性化せよ！

ゲテモノを捨てるな！

低学年 / 中学年 / 高学年

グループ活動を活性化するためには

何のためにグループで話し合わせるのか，明確な意図がないままに活動させている授業を見ることがある。グループ活動を活性化して全員参加の授業をつくるためには，一人ひとりに自分の考えをもたせることが基本である。自分の考えがあれば，積極的に話し合いに参加することができるからである。

個性を貫く生き方

メインとなる素材は，1年ほどファイルに入れたままになっていたものである。

取りあげたのは，日本画家の片岡球子さんである。2008年の1月に103歳で亡くなった。失礼ながら，浅学な私は，片岡さんの名前をまったく知らなかった。亡くなったときにあちこちのマスコミで取りあげられてはじめて知ったのである。このとき報道された内容は，かなりのインパクトがあった。いずれ授業プランを創りたいという思いを抱えたまま，1年がたってしまっていた。

片岡さんの作品は，ゲテモノと称され，画壇から無視されるような日々が長く続いていた。不遇ななかにあっても，片岡さんの情熱は燃え続け，独特な画風で地位を築いていった。その情熱を支えたのが，近代日本画の名匠，小林古径さんの言葉であった。

人生，不遇であると思えることの方が多い。自分の実力を正しく評価してもらえないと思うことが何度もやってくる。そのような荒波のなかを生き抜いていかなければならない子どもたちに，片岡さんの生き様を学ばせたい。このような思いから，この授業プランはできあがった。

ゴリラを描く

ゴリラの絵ばかり20年以上書き続けているユニークな画家がいる。阿部知暁さんである。

阿部さんも個性を貫き通している人の1人である。

若い頃，自分が何を描いていけばいいのかわからず悩んでいた。そんなとき，先輩が言った。「好きなものを描きなさい」。阿部さんが「私，ゴリラが好きなんですけど」と言うと，先輩は次のように答えた。

「そう，ゴリラ，いいじゃないゴリラ。好きなことをするのがいちばんいいんだよ」

この言葉を聞いてから，阿部さんの，ゴリラを訪ね，描く旅が始まったという。そして，阿部さんが20余年で出会ったゴリラは300頭以上になった。

このような個性を貫いて生きている人を見つけ，片岡さんの授業と関連づけて紹介していきたい。そうすることによって，子どもたちは，さらに勇気づけられていくだろう。

阿部知暁さん（「しんぶん赤旗」提供）

問題意識を明確にもたせよう

片岡球子さん（写真提供：朝日新聞社）

↑ 支えられる。

（小林古径さん）「ゲテモノと本物は紙一重。ゲテモノを捨ててはいけない。」

独特な画風を貫く。

人生に満足できたのだろうか？

①自分の考えをもたせる

この授業では，「もし，自分の絵が認められなかったとしても，片岡さんは，自分の人生に満足できたでしょうか」という問いの場面でグループを活用している。

グループを作らせる前に，問いに対する自分の意見を○か×かで明確にもたせ，理由を書かせておく。こうすることによって，ほかのメンバーの意見に興味をもって，グループでの話し合いに臨むことになる。

②グループ活動を活性化するポイント

グループでの話し合いに全員参加させるためには，いくつかのポイントがある。
- **問題意識を明確にもたせること**
- **自分の意見を必ず発表すること**

この2つのポイントの前提になるのが，「①自分の考えをもたせる」である。

グループの話し合いは，次のように進むことになる。
- ○か×かを確認する（挙手）。
- 少ない方から理由を発表する。
- 質問や意見を出し合う。

③グループでの学びをいかす

グループで話し合ってよかったという手応えを感じさせるためのポイントは「**何を学んだかを問いかけること**」である。たとえば，発言が終わったところで，「なるほど」と思う意見を言った人の名前を書かせるのである。グループのよい意見を学級全体に波及させるためのポイントは「**グループのなかのよい考えを選択させること**」である。学級全体に紹介したい意見を選ばせて，グループの代表に発表させるのである。

授業プラン

05 ゲテモノを捨てるな！

ねらい 自分の個性を貫き通した片岡球子さんの生き方を知らせ、個性を大切にしてがんばっていこうとする気持ちを育てる。（1-⑥向上心・個性伸長）

ゲテモノと言われて

授業開始と同時に、片岡球子さんの写真を示す。

①**写真を見て気づいたことや思ったことを発表しましょう。**
- どこのおばあさんかな。
- 絵を見に来たのかな。
- 車いすに座っているのかな。

「この人は、画家の片岡球子さんです。片岡さんの絵は、まわりの人から、こう言われました」と言って次の言葉を示す。

　ゲテモノ

「ゲテモノの意味がわかりますか」と問いかけ、わかる子がいれば説明させたあと、「一般の人からは、価値を認められない風変わりで珍奇なもの。粗末な安物」という意味であることを知らせる。その後、「もし自分の描いた絵がゲテモノと言われたらうれしいですか」「どうしてうれしくないのですか」と問いかけ、いやな気持ちになるという意見を引き出す。

②**片岡さんの絵は、どうしてゲテモノと言われたのでしょうか。写真の背景に写っている絵をもとに考えましょう。**
- ちょっと変わった絵だから。
- 変な絵だと思われたから。

これらの意見を受け、「そうです。下手な絵だと言われて、こんなことも言われました」と言って、次の言葉を示す。

　落選の神様

「こんなことまで言う人もいました」と言って、次の言葉を示す。

　歩いたところを通ると絵が下手になる。

③**ここまで言われたら、どんな気持ちになりますか。**
- もう絵なんか描きたくない。
- 悔しい。
- 泣きたくなる。

意見が出尽くしたところで話す。
「ところが、片岡さんは、日本画の世界をリードする画家になっていったのです。そして100歳を超えても情熱を燃やし続け、あんな人はもう100年は出てこない、と言われるほどになったのです」

④**ゲテモノと言われ続けたのに、認められるようになったのは、どうしてでしょうか。**
- ひどいことを言われ続けてもあきらめなかったから。
- うまくなるように努力したから。

（左側の指導のポイント欄）

- 自分の絵の前で写っている片岡球子さんの写真を示し、絵と関係のある人であることに気づかせていく。

- ゲテモノの意味を確認するとともに、「自分が言われたら」と問いかけることによって、傷つける言葉であることをしっかりと認識させる。

- 片岡さんが、ひどい言葉を浴びせ続けられていたことを知らせ、普通だったら、絵を描くことをやめてしまいたくなるだろうということを実感させる。

- 片岡さんがすごい画家になっていったことを知らせ、どうしてやり続けることができたのかということに対して興味をもたせる。

第4章　全員参加させよう

【板書】

```
ゲテモノを捨てるな

片岡球子さんの写真

片岡球子さん
・ゲテモノ
・うれしくない。
・バカにされているような気がする。

落選の神様
歩いたところを通ると絵が下手になる。
・もう絵なんか描きたくない。
・くやしい。
・泣きたくなる。

日本画の世界をリードする画家に！
百歳を超えても情熱を燃やす。
百年は出てこない。

なぜ？

小林古径
ゲテモノと本物は紙一重。
ゲテモノを捨ててはいけない。
・自分のやり方を貫き通したから。

認められなかったとしても
自分の人生に満足したか？

○
・人
・自分のやりたいことをやり続ければ満足できる。

×
・人
・認められないと悔いが残る。
```

支えられた言葉

　小林古径の絵「髪」を示して言う。
「この絵を描いたのは，小林古径という近代日本画の名匠と言われた人で，切手の絵にも使われました」

⑤ゲテモノと言われた片岡さんを支えたのは，小林さんの言葉でした。どんな言葉だったと思いますか。

　何人かの考えを聞いたあと，知らせる。
　ゲテモノと本物は紙一重。ゲテモノを捨ててはいけない。
　もう一度④の発問をくりかえす。
　ゲテモノと言われても，自分の道をとことん突き進むことによって認められるようになったことに気づくだろう。

⑥もし，自分の絵が認められなかったとしても，片岡さんは，自分の人生に満足できたでしょうか。

　満足できたと思えば○，満足できなかったと思えば×を書かせ，理由を考えさせる。
　理由が書けたところで，人数を確認し，少数派から発表させる。
　【○派】　自分のやりたいことをやり続ければ，認められなかったとしても，満足できるのではないか。
　【×派】　認められないままだったら，やっぱり悔いが残るから満足できないのではないか。
　一人ひとりに自分の考えをもたせたところで，グループを作らせて話し合わせる。グループの話し合いのあと，学級全体に紹介したい意見を選ばせて，代表に発表させる。

片岡球子の世界

「片岡球子さんの作品を鑑賞しましょう」と言って，作品を黙って見せていく。
　最後に「自分の生き方にいかしていきたいこと」を書かせて授業を終える。

- 自分の予想を言わせたあとに小林さんの言葉と出会わせることによって，「ゲテモノを捨ててはいけない」という言葉を印象づける。

- 結論の出る発問ではないが，自分の絵を貫いた片岡さんの生き方を考えさせたい。

- グループの話し合いのあと，なるほどと思う意見を言った人の名前を書かせて，お互いの考えから学び合うようにする。

- 最後に片岡さんの絵をいくつか提示していき，余韻を残して授業を終える。

- 発展として，片岡さんと同じように自分の個性を貫いた人として，阿部知暁さんを取りあげたい。個性を貫いて何かを成し遂げた人の事例を紹介して，片岡さんだけが特別な事例ではないということを感じとらせ，子どもの意識を高めたい。

第4章 06

立場の表明で参加させよ！

「いただきます」は必要か

低学年 / 中学年 / 高学年

> **自分はどの立場か？**
> 世の中には、さまざまな価値観がある。この授業で取りあげた「『いただきます』は必要か」という問題にしても、必要か必要でないかという2つの立場だけでなく、必要という考えのなかにもさまざまな価値観が含まれている。これらの価値観を提示して立場を決めさせることで、全員を授業に参加させることができる。

素材がつながる

あるテーマをもっていると、関連する素材がつながってくるということがよくある。テーマを意識しているために、少しでも関連する素材が目に飛び込んでくるようになるからである。

この授業の素材もそうであった。

きっかけは、ラジオで永六輔さんが、ある保護者のショッキングな言葉を紹介していたことである。

お金を払っているんだから、給食のときに「いただきます」を言う必要はない。

この言葉を素材に「いただきます」を考える授業を構想したいと思っていたところ、『AERA』2006年1月2・9日号で「給食で『いただきます』必要ない？」という調査結果を掲載していた。

ポスターがつながる

この2つの資料に関連して浮かびあがってきたのが、みやざきブランド推進本部の作成したポスター、「最近あなたは、『いただきます』を言いましたか？」である。

このポスターは以前から教材化したいと考え、大事に保管していたものであった。さらに、ポスター関連のリーフレットも2種類手に入れることができた。

そして、ポスターには第2弾があった。

それが、「『いただきます』を忘れていませんか？」である。

このポスターは、食べ残しの目立つ食卓の写真に言葉を重ねているところがおもしろい。普通だったら「ごちそうさま」が来るはずなのに、「いただきます」なのである。食べる前の「いただきます」は何だったのかということを問いかけている。

第2弾のポスターを見つけたことによって、授業の構想が明確になった。

自分を振り返らせる

道徳の授業では、最後に自分をしっかり振り返らせたい。そこで、この授業でも、子どもたちの給食の現状を示す写真を活用することにした。

これらの写真を提示して、次のように問うのである。

「あなたは『いただきます』を忘れていませんか」

授業中に発言してきた言葉が、自分に返ってきたとき、子どもたちの意識は変わりはじめるのではないだろうか。

「いただきます」の意味を深める

みやざきブランド推進本部「最近あなたは，『いただきます』を言いましたか？」の文字を隠して提示

みやざきブランド推進本部「『いただきます』を忘れていませんか？」の文字を隠して提示

自分を見つめ直す
学級の給食の残菜

①立場を決めさせる

　授業の前半では，「最近あなたは，『いただきます』を言いましたか？」という問いかけに対して，「はい」と答えられることを確認したうえで，116ページの保護者の考えを示す。

　そして，その保護者の考えに対して，「なるほどそのとおりだ」「ちょっとおかしい」のどちらかに自分の立場を決めさせるのである。保護者の考えに対して，立場を決めさせることで，全員が授業に参加することになる。ほとんどの子どもは，批判的な立場を選ぶだろう。

②立場をゆさぶる

　次の段階では，大人のなかには，保護者の考えが理解できるという人もいることを知らせる。そして，それらの意見を提示し，反論を求める。批判的な立場をとった子どもたちはゆさぶられながらも，自分なりの考えを出そうとする。立場を決めさせたあとに，ゆさぶりをかけることで，子どもたちはさらに授業に集中していくことになる。

③選んだ立場から自分を見つめ直す

　2枚目のポスターで，「いただきます」と言ったはずなのに平気で残しているようでは言った意味がないと考えるだろう。

　そこで，子どもたちの給食の様子を示す。

　子どもたちは，ここまで「いただきます」は大切だと発言していた立場上，自分の食べ物に対する姿勢を見つめ直さざるを得なくなる。

授業プラン

06 「いただきます」は必要か

ねらい 「いただきます」の意味をもとに，自分の食べ物に対する態度を振り返らせ，食べ物を大切にしていきたいという気持ちを高める。（2-⑤尊敬・感謝）

「いただきます」を言いましたか？

ポスターの写真だけを提示して発問する。

①何をしているところですか。

「ごはんを食べているところ」という答えがすぐ返ってくるだろう。

②これは，あるポスターに使われている写真です。このポスターには，どんな言葉がつけてあると思いますか。

食事に関係する言葉が出されるだろう。

考えが出されたあと，「実は，こんな言葉です」と言って「最近あなたは，『いただきます』を言いましたか？」を示す。

当たり前のことが書いてあることを意外に思う子どもが多いだろう。「この言葉に『はい』と答えられる人？」と言って現状を確認する。ほとんどの子が挙手するだろう。

③どうしてこんなポスターが作られたのでしょう。

「『いただきます』を言わない人が増えてきたからではないか」という予想が出されるだろう。

> ポスターの写真であることを知らせ，写真の様子から言葉を考えようとする意欲を高める。

> 当たり前の言葉が付けられていることに対して問いかけ，現状に何か問題があるのではないかということに気づかせる。

「いただきます」は必要ない？

「ある小学校で，おうちの方からこんな要望が出されました」と言って内容を知らせる。

> 給食費を払っているのだから，うちの子に「いただきます」を言わせないでほしい。

④「なるほどそのとおりだ」と思う人は○，「ちょっとおかしい」と思う人は×をつけなさい。

○，×の理由も書かせる。大半は×をつけるだろう。もしいれば○の子から理由を発表させる。×の子の理由を発表させたあと，相手に意見があれば言わせる。

もし○の子がいなければ，次の発問をする。

⑤ある雑誌でこの問題について調査をしました。このおうちの方の考えが理解できると答えた人がいたと思いますか。

いたと思えば○，いないと思えば×をつけさせ，挙手で確認する。100人のうち5人は，理解できると答えた人がいたことを知らせる。

⑥理解できると答えた人の意見を紹介します。それに対する意見を書きなさい。

次の3つの意見を紹介したワークシートを配付し，意見を書かせる。

A　感謝の気持ちを強制されるのはおかしい。
B　声に出したかどうかは問題ではなく，心で感謝していればいい。
C　一斉に言わせたりするのではなく，それぞれの子どもに任せるべき。

> 保護者の意見を，○×で判断するという状況を設定することによって，切実感をもって考えようとする気持ちをもたせる。

> 大人の意見に対する考えを書く場面を設定し，「いただきます」を言うことについての考えを深めさせていく。

第4章 全員参加させよう

「いただきます」は必要か

【板書】

最近あなたは、「いただきます」を言いましたか？

ポスター

給食費を払っているのだから、うちの子に「いただきます」を言わせないでほしい。

○人　×人

A　感謝の気持ちを強制されるのはおかしい。
B　声に出したかどうかは問題ではなく、心で感謝していればいい。
C　いっせいに言わせたりするのではなく、それぞれの子どもにまかせるべき。

命を「いただきます」

第2弾のポスター

「いただきます」を忘れていませんか？

ある日の給食で……

給食の残菜の写真

あなたは「いただきます」を忘れていませんか？

いのちに感謝

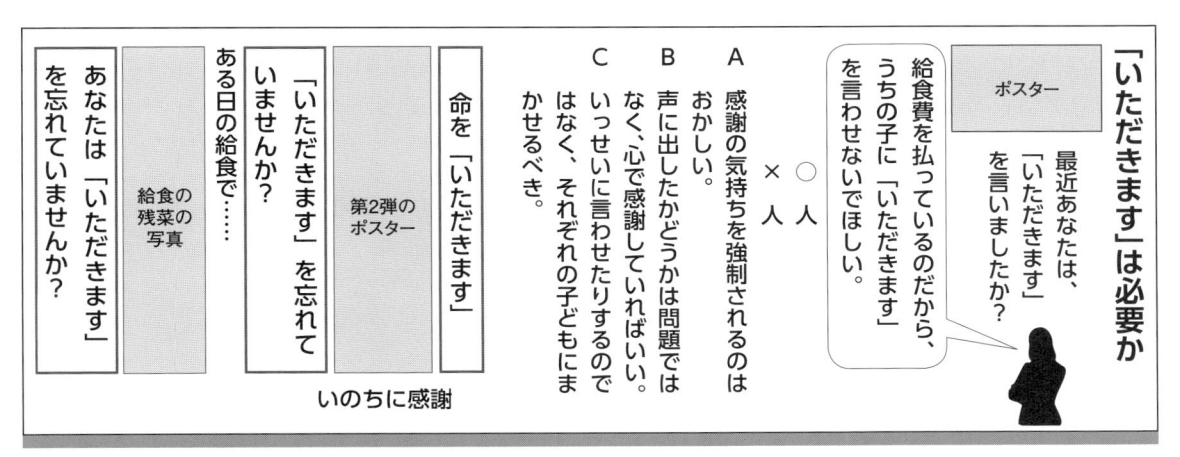

Aから順に意見を発表させていく。意見が対立した場合には話し合わせる。

> 1つの意見に対していろいろな考え方を出させることで認識を深めさせていく。

もう一度、ポスターの写真に着目させる。
「このポスターを作った人は、次のように言っています」と言って、次の言葉を紹介する。

食べ物にはすべて命があり、その命の恵みに感謝し、命をいただきますと言うのです。

「実は、このポスターには続きがあります。第2弾が作られているのです。どんなポスターだと思いますか」と言って少し間をおいたあと、第2弾のポスターの写真を提示する。

> 第2弾のポスターが作られたことを知らせ、「どんなポスターだろう」という興味をもたせる。

⑦どうしてこの写真が選ばれたのでしょう。

考えを書かせて発表させる。
「命をいただいているのに、残すということは、命を粗末にすることになる、ということを訴えかけようとしている」というような意見が出されるだろう。

意見が出されたところで、「今度の写真には、こんな言葉がつけられています」と言って、ポスターにつけられていた言葉の一部を抜いて示す。

　　　　　　　　　　を忘れていませんか？

「ごちそうさま」と予想する子が多いだろう。そこで正解を示す。
「いただきます」
「え〜っ」と驚く子が多いだろう。しかし「あっ、そうか」という子もいると思われるので、その子を指名して意見を発表させる。

> 言葉を予想させることによって、正解とのギャップを演出し、驚かせる。

食べ物を残すということは、「命をいただきます」と言ったことを忘れているのではないかと問いかけているということに気づかせる。
「もう1つこんな言葉も添えられていました」と言って「『いのち』に感謝」を示す。

> 自分たちの給食の様子を示し、いつも言っている「いただきます」という言葉は、実は、自分たちに問いかけているのだということに気づかせる。

あなたは忘れていませんか？

「ある日の給食で……」と板書して、給食の残菜の写真を何枚か提示していく。最後に「あなたは『いただきます』を忘れていませんか？」というカードを提示して授業の感想を書かせ、授業を終える。

119

【資料】
「最近あなたは,『いただきます』をいいましたか?」
(みやざきブランド推進本部)

「『いただきます』を忘れていませんか?」
(みやざきブランド推進本部)

第 5 章

意欲を引き出そう

第5章 01 笑顔をつくる言葉かけ

資料掲示で意識の持続を！

低学年 / 中学年 / 高学年

資料の掲示で意識を持続させよう

道徳の授業で活用した資料（絵，写真，グラフなど）を授業のなかだけで終わりにするのはもったいない。最も重要な資料は，教室の目立つところに掲示して，授業のねらいと子どもたちの日常生活を関連づけて，意識が持続できるように活用することを心がけたい。

よい素材は授業づくりの意欲を高める

久しぶりにACジャパンの広告を使って授業プランを創ってみようと思う素材があった。「うれしいね，まちいっぱいの親ごころ」という広告である。振り返っている若い夫婦の笑顔が実にすてきである。

さらに，この夫婦に声をかけている人たちが，さまざまな年齢，職業で構成されていて，特別なことではなく，それぞれに応じた声かけで，誰かを笑顔にできるということが伝わってくる。

思いやりのある言葉かけは，人を笑顔にする。こんな笑顔をつくる言葉かけをしようとする態度を育てたい。

構成要素を分ける

素材を教材化するときに，重要なポイントが構成要素を分ける，という作業である。

できるだけ細分化することによって，細部にまで意識が向くようになり，そこから授業づくりの発想に結びつくことも多い。

この素材も，タイトル，写真，イラスト，言葉などに細分化していった。

細分化すると，素材のどの部分から子どもたちに切り込んでいくか，いくつものアイデアが浮かんでくる。

たとえば，導入だけでも次のような方法が考えられる。

①写真だけ提示する。
②イラストだけ提示する。
③タイトルだけ提示する。
④写真とイラストをいっしょに提示する。
⑤かけている言葉だけ提示する。

展開を考える

③を選んだとしよう。どのような授業展開が考えられるだろうか。

「うれしいね，まちいっぱいの親ごころ」という言葉だけ提示して問いかける。

「どういう意味かわかりますか」

多くの子どもはわからないというだろう。そこで，次のように問う。

「疑問に思うことは何ですか」

「親ごころってなあに」「どうして，親ごころがまちいっぱいなのか」「どうしてうれしいのか」などという疑問が出されるはずである。

そこで，ヒントとして写真とイラストを示す。しばらく待つと，意味に気づきはじめた子どもたちの目が輝くだろう。

このように，いろいろな導入のアイデアを考えることによって，発想力は磨かれていく。

この授業では，まず写真だけを提示する方法（①）を採用することにした。

メイン資料を掲示して活用しよう

疑問が浮かぶ演出を

振り返る親子3人

↓

少しずつなぞが……

肩に手をかける男性

↓

笑顔をつくる言葉かけキャンペーンへ！

（ACジャパン「うれしいね，まちいっぱいの親ごころ。」，協力：ACジャパン）

①印象深い出会いを演出する

　メインとなる資料を授業後も掲示して活用していくためには，その資料との印象深い出会いを演出することが重要である。

　そこで，この授業では，振り返っている子ども連れの若い夫婦の写真だけを提示する。そして気づいたことを3つ以上書くように指示する。

　子どもたちは，写真を注意深く見なければならなくなる。当然「どうして振り返っているのか」「なぜ笑顔なのか」などという疑問が浮かんでくる。

②なぞ解きをしていく

　疑問が浮かんだところで，1人だけイラストを提示して言う。

　「実は，この人たちが振り返って笑顔になっているのは声をかけられたからなのです」

　これによって，子どもたちは，「どんな言葉をかけられたのだろう」ということを考えはじめる。

　少しずつなぞが解けていくとともに，新たな疑問もわいてきて，さらにメインの資料の世界に引き込まれていくことになる。

③メインとなる資料を掲示する

　授業終盤では，身近な友だちのなかにも「笑顔をつくる言葉かけ」をしている子どもがいることを知らせ，実践への意欲を高める。

　このあと，メインとなる資料を教室に掲示して，意識を持続させていく。

　たとえば，期間を決めて，「笑顔をつくる言葉かけキャンペーン」などに取り組むのもよい。そして，教師が率先して，子どものよい言動を発見し，掲示した資料と関連づけていくのである。

授業プラン

01 笑顔をつくる言葉かけ

ねらい　ささやかな言葉が笑顔を生み出すことに気づかせ，自分も笑顔をつくる言葉かけをしようとする気持ちを高める。　(2-②思いやり・親切)

振り返っているわけは？

ベビーカーを押している若い夫婦の写真を示す。

①**この写真を見て，思ったことや気づいたことを3つ以上書きなさい。**

・赤ちゃんがベビーカーに乗っている。
・たくさんの荷物があるから，買い物帰りだろう。
・荷物がたくさんあるうえに，赤ちゃんまでいるから大変そう。
・どうして後ろを振り向いているのだろう。
・2人とも笑顔になっている。
・どうして笑顔になっているのだろう。
・誰か知っている人から声をかけられたのかな。

> 気づいたことをたくさん出させることによって，場面の状況をしっかりと把握させる。

出尽くしたところで，1人目の人のイラストを提示する。
「実は，この人たちが振り返って笑顔になっているのは，声をかけられたからなのです」と言って発問する。

②**いったいどんな言葉だったのでしょうか。**

思いついたことを発表させる。
・荷物を持ちましょうか。
・大変ですね。がんばってください。
・何か手伝いましょうか。

意見が出尽くしたところで広告で使われている言葉を示す。

　ベビーカー，運びましょうか？

「どんな場面で声をかけたのでしょうか」と問いかけて，シチュエーションをイメージさせる。そして，階段を上り下りする場面など，若い夫婦が困っているところへ声をかけたのではないかという考えを引き出す。

> 想像した言葉をたくさん出させることにより，相手のことを考えた言葉にはいろいろあることに気づかせる。

> 場面を問うことで，場に応じた言葉かけがあることに気づかせる。

③**どうして，言葉が笑顔をつくるのでしょうか。**

「困っているときに優しい言葉をかけられるとうれしいから」などという意見が出されるだろう。

どんな言葉をかけるか？

残りのイラストを提示する。

④**この人たちはどんな言葉をかけているのでしょうか。**

ワークシートを配付して，ふき出しに言葉を書かせる。思いついたところから書かせていく。

全員がどれかを書き終えたところで，発表させていく。イラストの人の言葉がすべて出されたところで広告の言葉を示す。

> 年齢や立場に応じて，いろいろな言葉を書かせることで，考えを深めさせる。

第5章　意欲を引き出そう

【板書】

```
笑顔をつくる言葉かけ

┌─────────────────────────────┐
│ 笑顔を  ○  ○  ○  ○  ○       │
│ つく  行  手  感        お   │
│ る   動  紙  謝        ば   │
│ 子   で  で  の        あ   │
│         言              さ   │
│         葉              ん   │
│         で              ・   │
│                         お   │
│    困   小  妊  お      じ   │
│    っ   さ  婦  ば      い   │
│    て   な  さ  あ      さ   │
│    い   子  ん  さ      ん   │
│    る   ど      ん          │
│    人   も                   │
│    （障がいのある人・しょうがいのある人）│
│                              │
│   ACジャパン「うれしいね、まちいっぱいの │
│         親ごころ。」の広告      │
│                              │
│        言葉が笑顔をつくる！    │
└─────────────────────────────┘
```

声をかけてほしい人は

次に若い夫婦の写真を消して，後ろのイラストだけの場面を示す。

⑤ここには，若い夫婦のほかにどんな人が入ると考えられますか。

ノートに書かせて発表させる。思いつかない子が多い場合には，書いている子の例をいくつか紹介してヒントにする。

・お年寄り，妊婦さん，小さな子ども，障がいのある人，困っている人

「誰にでも」という考えが出てきたら，取りあげて賞賛する。

あたたかい言葉かけは，誰にとってもうれしいものであり，そのような世の中にしていくことが大切だからである。

若い夫婦のところにおばあさんを入れて発問する。

⑥おばあさんを笑顔にするには，どんな言葉をかければいいですか。

思いついた言葉を発表させる。

・荷物を持ちましょうか。
・ここに座ってください。

時間があれば，それぞれ自分で選んだ人にかける言葉を考えさせる。

思いやりのある言動のできる子

学級のなかで，思いやりのある言動のできる子の事例を集めておき，紹介する。できれば写真入りで具体的なエピソードを紹介すると効果的である。

事例1　理科の実験のときに，ストップウオッチを譲った子→行動でも笑顔に。

事例2　悩みがあったら何でも相談してくださいと手紙をくれた子→手紙でも笑顔に。

事例3　写真のお礼の言葉を翌日にも伝えに来た子→言葉を重ねてさらに笑顔に。

最後に授業の感想を書かせて授業を終える。

> 困っている人が入ることに気づかせ，身の回りからあてはまりそうな人を考えて書かせる。

> 応用編として，おばあさんにかける言葉を考えさせ，よい言葉を見つけた子どもをほめて，さらにいろいろな言葉を考えようとする意欲を高める。

> 身近な友だちのなかにも，笑顔をつくる言葉かけができている子どもが何人もいるということに気づかせ，実践への意欲を高める。

第5章 02

学級通信で家庭を巻きこめ！
「でか足国」ってどこにある？

低学年 / 中学年 / 高学年

学級通信の威力

学級通信は，道徳教育にも大きな役割を果たす。どんな道徳の授業をしたのか，子どもたちは何を考えたのか，これらを知らせることによって，道徳授業の内容が，家庭での話題になる。それは，学んだ内容を実践に結びつける効果を生む。

素材と再会する

ストックした素材は，時々眺めてみよう。

すっかり忘れていた素材に再会できる。そのとき，それがすばらしい素材だったことに，気づくこともある。

この授業の素材は，2010年9月21日にストックしておいた「天声人語」である。

4年近く前のものであるが，今見ると，教材化してみたいという気持ちが高まってくる。

教材化するために

素材を教材化するときに重要なのは，キーワード（キーフレーズ）を発見することである。

この素材で目をつけたのは，次の言葉であった。

「でか足国」は現代にこそある。
　　　　（「天声人語」朝日新聞2010年9月21日）

「でか足国」とは，日本を含む先進国であり，自分たちもその一員であることに気づかせることで，今の生活を見直させたい。キーワードは，授業のねらいに迫るために，大きな効果を発揮する。

キーワードを発見したら，その次に重要な言葉をいくつかピックアップしたい。

この作業をしているうちに，少しずつ授業プランが浮かんでくるようになる。

すべてのドラマを学級通信に

子どもたちが真剣に受け止めた道徳の授業は，ぜひ保護者に伝えたい。その最も効果的なツールが学級通信である。

読んでもらうためには，見出しのインパクトも大切な要素となる。この授業であれば，「『でか足国』ってどこにある？」をそのまま使いたい。

子どもの意見や感想文をうまく活用することで，家庭で話題になり，授業で育った意識がさらに定着することになる。

【資料】天声人語

秘境好きの憧れる南米パタゴニアの地名は，マゼランのつけた「足の大きい人々」に由来するそうだ。かの地を訪ねた作家の椎名誠さんにも『でか足国探検記』なる一冊がある。だが実際に足が大きかったわけではなく，毛皮のブーツが大きく見えた，というのが真相らしい▼「でか足国」は現代にこそある。エコロジカル・フットプリント，つまり「生態系を踏みつける足跡」と言われる指標の大きい国だ。この足跡は，生活をまかなうのに必要な耕作地や海，森林などの面積を言う。日本のそれはかなり大きい▼だから世界中が日本人と同じ生活をしたら，地球が2・3個分必要になるという。世界自然保護基金ジャパンが先ごろ発表した。日本人はいま，国土が本来供給できる何倍も贅沢な生活をしている▼肩身が狭いが，それでも29番目にとどまる。1番のアラブ首長国連邦なら地球5・7個分，2番の米国だと5個分が要る。世界全体でならせば1・44個分といい，もはや計算上は地球を食いつぶしつつある▼先週，16日の小紙「しつもん！ドラえもん」の答えに驚いた方は多かっただろう。人間の営みの結果，いま1日に約100種の生き物が先滅しているという。恐竜時代の絶滅は千年に1種ほどだったというから，人類恐るべしである▼たまさか人間に生まれ，わがもの顔に振る舞ってはかりの他の生き物に申し訳ない。贅沢な国と貧しい国の格差も著しい。肥大したブーツを脱ぎ，幸不幸の凸凹を埋める取り組みが，「でか足諸国」には待ったなしだ。

（朝日新聞2010年9月21日）

驚きから自分のことへ

①授業の臨場感を伝える

　学級通信で大切なことは、授業の現場に居合わせたかのように読み手に伝えることである。そのために欠かせないのは、資料、発問、子どもの反応ばかりでなく、そのときの学級の雰囲気を描写することである。
　さらに、授業の意図や、子どもの発言を教師としてどのように捉えたのかを書く。
　このような要素が、授業の臨場感を保護者に伝えることにつながっていく。

「でか足国」の人
疑問がわく。

「でか足国」ってどこにあるの？

意表を突く言葉でゆさぶる。

「でか足国」は現代にこそある。

「でか足国」の人は、自分だった！

新たな疑問

どうしたらいいのかな？

②子どもを描写する

　たとえば、この授業の冒頭の様子を次のように伝える。

　授業開始と同時に、驚いた表情の人々を見せて、問いかけました。
「この人たちは、何を驚いているのでしょうか」
　子どもたちから、「火山が爆発した！」などというユニークな意見が出されたところで、巨大な足を見せました。子どもたちは、「誰の足〜？」「こんな人いるの？」などと叫んで大騒ぎです。
　子どもたちの驚きの表情を楽しんだあと、言いました。
「これは、『でか足国』の人の足なのです」

③子どもの感想を伝える

　授業後の感想を伝えることも重要なポイントである。
　子どもたちが、どれだけ真剣に考えたか、多様な考えをもつことができたか、ということを伝えることで、家庭での話題になる。
　さらに、子ども同士で多様な考えを共有するきっかけとなり、授業の内容が深く心に残っていく。

授業プラン

02 「でか足国」ってどこにある？

ねらい 自分たちも「でか足国」の一員であることに気づかせ，今の生活を見直すとともに，自然環境に対する意識を高める。（3-②自然愛・環境保全）

誰の足？

最初に，驚いた表情をしている人々の絵を提示して，問いかける。

①**この人たちは，何を驚いているのでしょうか。**

あれこれ想像を楽しんだあと，手前の「でか足」を提示すれば，子どもたちは，大きな声を張りあげて驚くことだろう。

子どもたちにしばらく自由に発言させたあと，言う。

「これは，『でか足国』の人の足なのです」

子どもたちは，「そんな国ないよ」などと反発するだろう。

そこで，次のような話をする。

「南アメリカにパタゴニアという地名があります。これは，今から500年近く前，世界一周をめざして航海したマゼランという人が，この地を訪れたときに，"足の大きい人々"とつけたことがもとになっているそうです。マゼランには，パタゴニアに住む人たちの足が大きく見えたのでしょうね」

> 「でか足」に対するインパクトを演出するために，まずは驚いた表情の人たちだけ提示し，あれこれ想像したあとに「でか足」を提示する。

> 「『でか足国』は現代にこそある」という言葉に驚かせるために，500年も前のマゼランの話であることを印象づける。

「でか足国」ってどこにある？

少し間をおいて「しかし，先生は，新聞にこんな言葉が載っていてびっくりしました。どんな言葉だと思いますか」と言いながら板書する。

「でか足国」は□□□にこそある。

②**空欄には，どんな言葉が入ると思いますか。**

次のような考えが出されるだろう。

- ・物語の中
- ・心の中
- ・夢の中
- ・想像の中

出尽くしたところで，ゆっくり「現代」と書き加える。

子どもたちは驚いて，思わず「どこにあるんですか」と問いかけるだろう。

そこで説明する。

「この『でか足』は，『エコロジカル・フットプリント』と呼ばれています。簡単に言うと，地球の環境を踏みつぶす大きな足のことなのです」

③**「地球の環境を踏みつぶす大きな足」とはどんな意味かわかりますか。**

「環境破壊に関係するのでは」ということに気づいた子どもに考えたことを発表させたあと，補足して言う。

「『でか足国』とは，世界中の人が，その国の人と同じ生活をしたら，地球が1個では足りなくなるくらい，いろいろな物を使っている国のことなのです」

> 「びっくりした」ということを伝えることによって，空欄の言葉により興味を高める。

第 5 章 意欲を引き出そう

【板書】

```
「でか足国」ってどこにある？

マゼラン　南アメリカのパタゴニア
・五百年前
・足の大きい人々

↓

「でか足国」は 現代 にこそある。
エコロジカル・フットプリント
（地球の環境を踏みつぶす大きな足）

日本はでか足国？
　○　×
　人　人

世界中が日本人と同じ生活をしたら
地球が 2.3 個分必要になる。

　[地球2.3個分の写真と足跡の絵]

わたしたちが地球1個分の暮らしを
するにはどうしたら良いでしょう
か？
↓
足を小さくするためにできることは
```

日本は「でか足国」か？

④**日本は，「でか足国」の仲間だと思いますか。**

　仲間だと思ったら○，仲間じゃないと思ったら×を書かせる。ほとんどの子どもは○をつけるだろう。理由を発表させたあと，次の板書をして，空欄を予想させる。

　世界中が日本人と同じ生活をしたら，地球が□個分必要になる。

　結構多い数字を書く子が多いだろう。予想を出させたあと，2.3個という結果を知らせる。

⑤**アメリカは，5.3個です。2.3個くらいだったら，いいんじゃありませんか。**

　いいと思ったら○，だめだと思ったら×を書かせる。ほとんどの子どもは×をつけるだろう。

足を小さくするために

「日本の足を小さくしたいと考えている人たちは，次のような呼びかけをしています」と言って，板書をする。

　わたしたちが地球1個分の暮らしをするにはどうしたら良いでしょうか？
　　　　（『エコロジカル・フットプリント・レポート　日本2009』WWFジャパン）

　音読させたあと，問いかける。

⑥**足を小さくするために，できることがありますか。**

　授業のまとめとして自分の考えを書かせ，発表させる。

　・電気や水をムダにしない。
　・食べ物を大切にする。
　・いろいろな物を大切に使う。

> ○×で判断させることによって，全員を参加させる。

> イメージしやすいように，地球の写真2.3個分と足跡の絵を提示する。

> 具体的に書いている子どもを賞賛し，自分にすぐできそうなことに取り組もうとする意欲を高めて授業を終える。

> 授業の内容は，学級通信で保護者に知らせ，家庭での取り組みに広がるようにする。

第5章 03

実践の見える化で効果倍増！
人の幸せが自分の喜びになる

低学年 / 中学年 / 高学年

実践を見える化しよう

自分がやりたいと思うことは，「見える化」することが大切である。いつでも見えるようにしておくことで意識が持続するとともに，まわりの人の目にもふれることで，実践への一歩を踏み出すことにもつながっていく。

同郷の人に対する気持ち

群馬で開催された第20回道徳教育改革集団セミナーで，桃﨑剛寿さんが紹介した授業プランの1つに「幸せを運ぶタクシー」があった。話を聞いたときには「ふ〜ん，そんな人がいるのか」と思っただけだったが，宮崎日日新聞のコラム「くろしお」（2009年8月5日）を読んで興味がわいた。

なんと，このタクシーの運転手である今井泉さんは，宮崎県の出身だったのである。

人はなぜか同郷というだけで親近感をもつらしいが，私もそうらしい。これを知ってぜひ授業プランを創りたいと考えた。

こんなことが，授業を創る動機になるのだから，おもしろい。

関連資料を集める

授業プランを創るとなれば，新聞のコラムだけでは不十分である。関連する資料を収集して検討しなければ，よいプランにはならない。

まずは，新聞のコラムで紹介されていた今井さんの本を購入した。さらにインターネットで情報を集め，秋田経済新聞が今井さんのことを4回ほど記事にしていることがわかった。

こうして，次のような関連資料が集まった。

秋田経済新聞
・2007年11月 7日記事
・2008年 5月16日記事
・2009年 3月17日記事
・2013年 3月12日記事

秋田魁新報
・2008年 5月28日夕刊記事

このように，できる限りの資料を集めると，授業プランが少しずつ見えはじめる。気をつけたいのは，集めた資料を授業に盛り込み過ぎないことである。ねらいに迫るための資料を精選することが，授業の質を高めるポイントである。

【資料】「くろしお」

（宮崎日日新聞2009年8月5日，宮崎日日新聞社提供）

見える化で実践意欲を高めよう

四つ葉のクローバーを渡す今井泉さん
[今井泉著『幸せを運ぶタクシー』（ダイヤモンド社）より，撮影：伊藤三男]

↓

15,000本

カードで見える化しよう

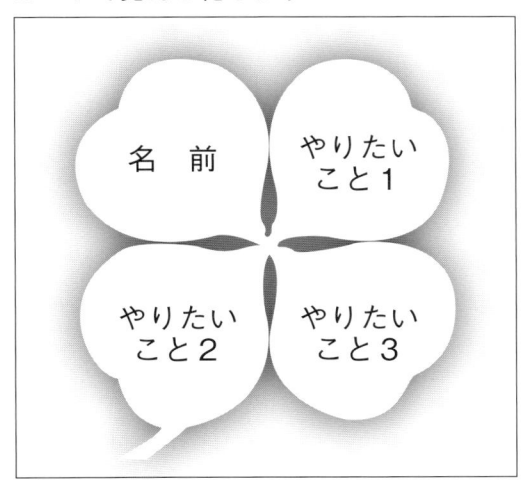

（名前／やりたいこと1／やりたいこと2／やりたいこと3）

「四つ葉のクローバーカード」

↓

四つ葉のクローバーコーナーへ

①幸せの価値観を広げる

　今井さんが，これまで（2009年当時）お客さんにあげた四つ葉のクローバーは，一万五千本。お客さんにあげる四つ葉のクローバーを確保するために，1日4・5時間かけて探したり，自分で育てたりするなど，大変な苦労をしている。

　なぜ，人のためにこんな苦労ができるのだろうか。

　今井さんは，次のように語っている。

　「みんなに幸せになってほしいと思って始めましたが，喜んでもらって，逆に幸せをいただいています」

　人の喜びが，自分の幸せになっているのである。今井さんの言葉について考えさせることで，「してもらうことが幸せ」と考えがちな子どもたちの価値観が確実に広がっていく。

②実践内容を見える化する

　この授業では，四つ葉のクローバーを人を喜ばせるためにできることの象徴として捉えさせている。そして，自分にできることをカードに書かせて教室に掲示する。

　つまり，人を喜ばせるために実践したい内容を見える化するのである。

　実践の対象として「友だち」「学級」「学校」などという視点を提示し，視野を広げるとよい。

　なお，期間が長くなるとマンネリ化してしまうので，期間限定で取り組みたい。学年のはじめに授業を行い，学期のはじまりの1週間や毎月第1週を「四つ葉のクローバー週間」として設定して取り組むこともできる。

　教師は，子どもたちの実践をしっかり受け止めて賞賛していきたい。

授業プラン

03 人の幸せが自分の喜びになる

ねらい　人のために何かしてあげることが自分の喜びにつながることに気づかせ，人のためになることをやりたいという意欲を高める。（2-②思いやり・親切）

有名な運転手

　授業開始と同時に，今井さんの写真を示し，「この人は，秋田県でタクシーの運転手をしている今井泉さんという人です」と言って問いかける。

①今井さんは，あることでとても有名な運転手です。いったい何だと思いますか。

　思いついたことを発表させたあと，今井さんが四つ葉のクローバーを持っている写真を提示する。「今井さんは，お客さんに四つ葉のクローバーをあげることで有名なのです。四つ葉のクローバーの意味を知っていますか。（知っている子がいれば発表させる）『幸せを運んでくれるもの』として，昔からとても喜ばれている葉っぱなのです」

> 「あることでとても有名な」と言うことによって，いったい何だろうという興味をもたせる。

> 次に四つ葉のクローバーを示し，少しずつ気づくように演出していく。

きっかけ

　四つ葉のクローバーの写真を提示する。
「今井さんは，これまで何本の四つ葉のクローバーをお客さんに渡してきたと思いますか」と問いかけ，少し間をおいて**15,000本**とゆっくり板書する。子どもたちは驚くだろう。

②今井さんが四つ葉のクローバーをお客さんにあげようと思ったのはどうしてだと思いますか。

「お客さんに幸せになってほしいから」などという考えが出されるだろう。そこで，「四つ葉のクローバーをあげるきっかけになったお話をします。実は，ある日，暗い顔をした女の人がタクシーに乗ってきたことがきっかけだったのです」と言って少し間をおく。
「どうしてそれがきっかけになったのでしょうね」と問いかけながら，子どもたちの想像力にはたらきかける。「その人に四つ葉のクローバーをあげたら元気になったんじゃない？」などという考えが出されるだろう。
　そこで，「よくわかりましたね。そうなんです。その女の人は涙を流して喜んだのだそうです。今井さんは，四つ葉のクローバーでそんなに喜んでもらえるならと思って，お客さんにあげるようになったそうです」と話す。

> 渡してきた四つ葉のクローバーの数を予想させたあとに実際の数を示していく。そのとき，0をゆっくり1つずつ増やしていき，驚きを高める。

> めったに見つからないからこそ，「幸せを運んでくる」と重宝されていることを伝え，それを1万5千本もあげたことに対する驚きをもたせたい。

今井さんの努力を支えるもの

③めったに見つからない四つ葉のクローバーを1万5千本もあげることができたのはどうしてだと思いますか。
・時間があるときは，いつも探しているのではないか。
・知り合いにも頼んで，集めているのではないか。
・育てているのかも。
　子どもたちの考えを受けて，次のように話す。

132

第5章 意欲を引き出そう

【板書】

人の喜びが自分の幸せになる

今井泉さん

写真　15,000本

- 一日四・五時間探す。
- 自分でも育てる。
- 渡せるまで十日。

← 長く続けられるのは？

みんなに幸せになってほしいと思って始めたが，喜んでもらって，逆に幸せをいただいています。
←なぜ？
人の喜んだ顔を見ることで元気が出るから。

← 四つ葉のクローバーがなくても人を喜ばせることはできるか。

できる→誰かのために何か行動すること
- 何をするか。
- 笑顔であいさつする。
- 困っていたら助ける。

「いい考えが出ましたね。今井さんは，1日に何時間もかけて四つ葉のクローバーを探しているそうです。それでも足りないので，自分で育てたりもしているそうです」

④ 今井さんは，こんなに大変なことを，どうして長く続けることができるのでしょうか。

考えを書かせて発表させる。
- お客さんが喜んでくれるから。
- また乗ってもらえるかもしれないから。

意見が出尽くしたところで，今井さんの写真に注目させて言葉を板書する。

みんなに幸せになってほしいと思って始めたが，喜んでもらって，逆に幸せをいただいています。
（前掲紙）

⑤ みんなに幸せになってほしいと思っていたのに，「逆に幸せをいただいています」とはどういうことでしょう。

発表させる中で，人の喜んだ顔が，自分を幸せな気持ちにしてくれるということに気づかせていく。

「今井さんは四つ葉のクローバーで出会った人たちのことを，このような本にしています」と言って，『幸せを運ぶタクシー』（ダイヤモンド社）を紹介する。

自分だけの四つ葉のクローバー

⑥ 四つ葉のクローバーがなくても，人を喜ばせることはできるでしょうか。

「誰かのために何かをやってあげることだ」という意見が出されるだろう。

⑦ あなたは，四つ葉のクローバーをあげる代わりに何をしたいですか。

ノートにできるだけたくさん書かせる。そのなかから3つ選んでカードに書かせ，「四つ葉のクローバーコーナー」に掲示する。最後に授業の感想を書かせて授業を終える。

> 今井さんの準備の様子を紹介することによって，四つ葉のクローバーをあげるためには，ていねいな作業が必要であり，それが，さらに大きな喜びを相手にもたらすことを伝えたい。

> 本は，授業後，教室においておき，子どもたちに読ませたり，朝の会などでエピソードを紹介したりする。

> 四つ葉のクローバーとは，人のために何かしてあげることの象徴であり，自分にできることをすることが，相手にとっての四つ葉のクローバーであることに気づかせる。

> 期間限定で「四つ葉のクローバーコーナー」を設置して行動に移している子どもを賞賛し，意識を継続させる。

第5章 04

日常の重要性を実感させよ！
毎日続けることで心が強くなる

低学年 / 中学年 / 高学年

日常の重要性に気づかせる

イギリスの将軍ウェリントンは，「習慣は第二の天性となり，天性に十倍する力を有する」と言った。日々の小さな習慣の積み重ねは，やがて天性を大きく凌ぐような力を発揮するようになるというわけである。この言葉を子どもたちが実感することで，小さなことに取り組む姿勢が大きく変わってくる。

イチローの言葉

イチローの有名な言葉がある。

夢をつかむことというのは，一気にはできません。ちいさなことをつみかさねることで，いつの日か，信じられないような力を出せるようになっていきます。
（『夢をつかむイチロー262のメッセージ』編集委員会編『夢をつかむイチロー262のメッセージ』ぴあ）

このことをイチローは次のようにも表現している。

ちいさいことをかさねることが，とんでもないところに行くただひとつの道。
（前掲書）

イチローの言葉だけに重みがある。しかし，イチローだからこそ言えるのだと受け止める子どもたちも多いだろう。

もっと，子どもたちに身近なところから，小さなことの積み重ねの大切さを感じさせることはできないだろうか。

小さなことを積み重ねる意味

そう考えていたときに読んだのが，原田隆史『成功の教科書』（小学館）であった。

この本には，興味深いエピソードが紹介されていた。

砲丸投げの女子中学生日本一になった生徒の優勝インタビューである。

私は皿洗いと部活動を毎日，休みませんでした。
（原田隆史『成功の教科書』小学館）

なんと，「皿洗い」である。

皿洗いと砲丸投げが関係あるのだろうか，と思ってしまう。

原田さんは言う。

「毎日，皿洗いをする」という目標を立てて，毎日休まず続けたことで彼女の何かが変わったのです。〔中略〕

皿洗いを毎日続けたことで，心が強くなりました。毎日休まずに続けられたという達成感から，「私はできる！」という自信を持ちました。そして彼女は，「できる自分」，「やり続けられる自分」に主体変容（自ら変化）したのです。
（前掲書）

小さなことを積み重ねる意味がここにある。子どもたちに最も伝えたい考え方である。

この中学生のエピソードと原田さんの考え方は，「夢に近づくことなんて，自分には無理だ」と考えがちな子どもたちを勇気づけるはずである。

第5章　意欲を引き出そう

小さなことを積み重ねよう！

砲丸投げ女子中学生日本一

↕ 関係があるの？

毎日，皿洗いする。

↓ 日常化しよう！

日本一になれる心をもとう！

毎日続けること	
理　由	

月　日	月　日	月　日	月　日	月　日	月　日	月　日
月　日	月　日	月　日	月　日	月　日	月　日	月　日

達成率	／14	

「日本一になれる心をもとう！」カード

①日本一を支えたもの

　日本一を支えたものは，小さなことの積み重ねであったという事実に印象的に出会わせたい。そこで，砲丸投げの写真を提示したあと，中学生日本一になった選手の言葉を次のように示す。

　私は　　　　　と部活動を毎日，休みませんでした。

　部活動は当たり前のことだろう。しかし，その前の言葉が，子どもたちの意表を突く。同時に，皿洗いが砲丸投げとどんな関係があるのだろうという疑問がわいてくる。皿洗いという言葉が，子どもたちの心にしっかりと刻み込まれる。

②小さなことを積み重ねる意味

　疑問がわいたところで，皿洗いの意味を捉えさせたい。
　「皿洗いが，砲丸投げで日本一になったことと関係あるのでしょうか」
　○か×を選ばせて，考えを交流させたあと，原田さんの次の言葉を紹介する。

　砲丸投げの技術を高めることと，皿洗いは直接関係ありません。　　　　（前掲書）

　子どもたちは，「えっ？」と思うだろう。なぜ優勝した中学生が「皿洗い」と言ったのか，ますます興味をもつ。そこで，原田さんの言葉を少しずつ示しながら，小さなことを積み重ねる意味を理解させていくのである。

③日常化するために

　小さなことを積み重ねる意味を知った子どもたちは，自分も何かやっていきたいという気持ちをもつだろう。そこで，期間限定で取り組めるカードを配付し，小さなことを積み重ねていくための第一歩を踏み出させていく。

第5章

05 エコの技

参観日で保護者を巻きこめ！

低学年 / 中学年 / 高学年

参観日をいかすために

1年間に何回か参観日が設定されている。貴重な参観日に，どんな授業をすればいいのだろうか。道徳の授業をするのであれば，親子で考えることができ，その後，家庭生活でもいきるような内容を取りあげたい。保護者の意識を高めることができれば，子どもの成長に大きな効果をもたらすからである。

素材を熟成させる

ACジャパン「はっけよいエコライフ」のおもしろさは，エコライフで心がけたいことを，相撲の技のパロディーにして示しているところである。見つけたのは，2007年であったが，教材化したのは，2011年であった。4年間ほど保管されたままになっていたわけである。

教材化できそうな素材は，ファイリングして整理しているのだが，特に教材化しやすいと判断した素材は，目に付きやすいところに保管するようにしている。

何度も目にするうちに，だんだんと教材化のアイデアが浮かんでくるからである。

技のおもしろさを楽しむ

この素材では，技の名前やイラストにユーモアがあり，それだけでも楽しむことができる。授業プランでは，より楽しむために，技の名前から自分なりに相撲の技を想像させたあと，イラストをヒントとして提示し，最後に解説を示すようにした。

技に興味をもたせることで，自分たちでも考えてみたいという意欲を高めたい。

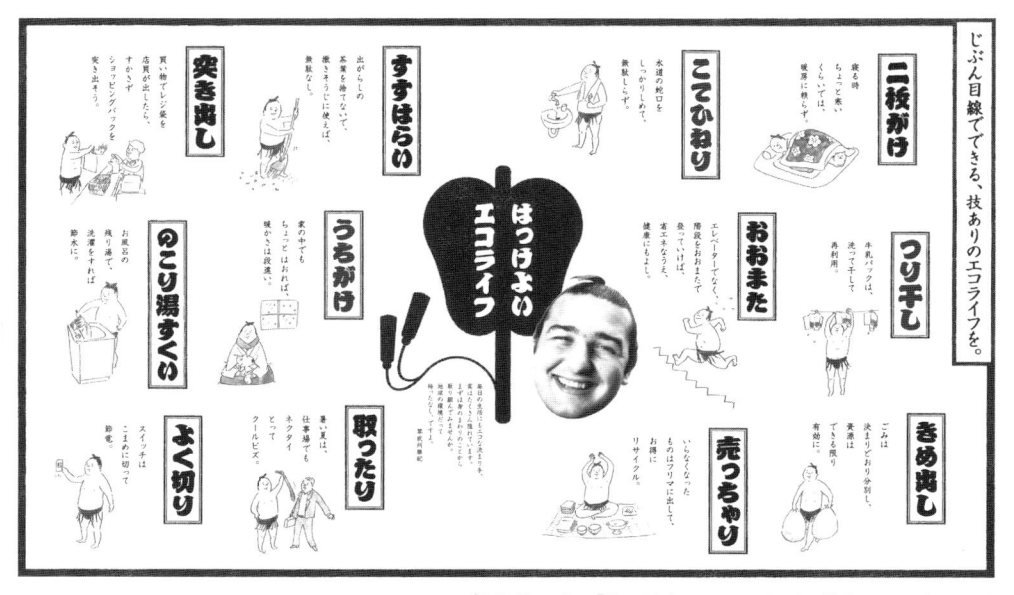

（ACジャパン「はっけよいエコライフ」，協力：ACジャパン）

参観日をいかすコツとは

二枚がけって相撲の技？

（ACジャパン「はっけよいエコライフ」より）

↓ 親子で技を開発しよう！

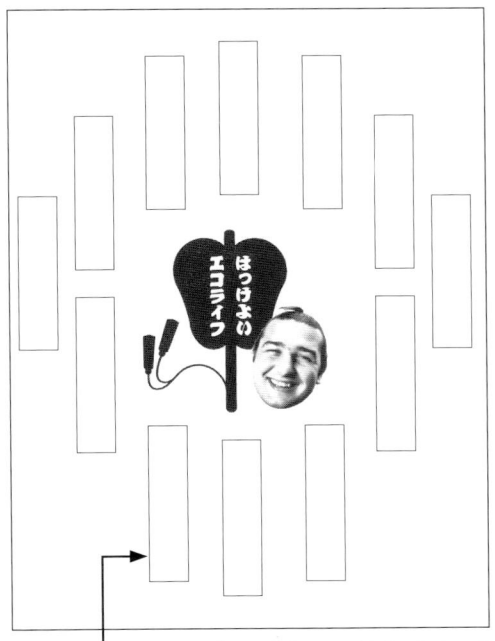

「はっけよいエコライフ」カード

開発した技を記入する。

①親子で楽しむ

　参観日では，あまり難しいことを取りあげず，親子で楽しめるしかけを工夫したい。

　まず，白鵬の写真を提示して雰囲気を盛りあげ，相撲の技を問いかける。

　子どもはあまり知らないので，保護者に問いかけて出番をつくる。

　その後，「二枚がけ」という技を紹介し，どんな技か考えさせる。保護者も首をかしげたところで，イラストを示すと，笑いが起きて授業の雰囲気が楽しくなってくるだろう。

　参観日の授業では，親子で楽しむ雰囲気を演出したい。

②親子で考える

　「はっけよいエコライフ」は，参観日の資料として，保護者にも配付し，自分の家で特に取り組みたい技を3つ選んでもらう。子どもたちにも3つ選んでもらって発表させることによって，親子での一致やズレを楽しむ場面をつくる。

　保護者にもなぜその技を選んだのかを問いかけ，保護者の視点からのエコの考えを子どもたちに学ばせたい。

　参観日では，親子で考える場面を演出したい。

③親子で実践する

　「はっけよいエコライフ」は，家庭で貼って活用してもらうように話をする。

　授業の様子は，学級通信で伝え，参観日に出席できなかった保護者にも，家庭で子どもと話し合ってもらうようにお願いする。

　家庭での取り組みを連絡してもらって，学級全体に紹介したり，学級通信に掲載したりして，家庭での取り組みを持続させていく。

授業プラン

05 エコの技

ねらい：「エコの技」をもとに，環境問題に対する関心を高め，自分にできることをやっていこうとする意欲を高める。（3-②自然愛・環境保全）

知っている相撲の技は？

　授業開始と同時に，横綱（白鵬）の相撲場面をいくつか提示する。「横綱（白鵬）だ！」「この前も優勝したよね」などという声があがるだろう。そこで，問いかける。

①相撲の技で知っている技がありますか。

　あまり知らないと思われるが，「うっちゃり」「押し出し」などは出されるかもしれない。出されたあとで，いくつかの技を写真で示し，簡単に説明する。

> 横綱などの相撲取りの写真を示し，興味をもたせるとともに，相撲への意識を高めておく。

> 参観日であれば，保護者からも技を出してもらい，親子で参加する授業という雰囲気をつくる。

こんな技があるの？

　「新聞に，こんな技が紹介されていました」と言って，「二枚がけ」という言葉を示し，問いかける。
　「どんな技だと思いますか」
　考えを発表させたあと，ふとんを2枚かけて寝ている相撲取りのイラストを示す。子どもたちは，「えっ？」という表情をするだろう。

②どういうことかわかりますか。

　となり同士で話し合わせて発表させる。
　「ふとんを2枚かけて寝ている」などという考えが出されるだろう。相撲の技ではないことに気づく子も出てくるだろう。
　そこで，「寝る時ちょっと寒いくらいでは，暖房に頼らず」の説明を示す。
　勘のいい子は，環境問題に関係していることに気づくだろう。そのような声には，特に答えないで「こんな技もありました」と言って，「よく切り」を示す。
　「どんな技だと思いますか」
　今度は，環境問題にからめて考える子が増えるだろう。
　「電気のスイッチを切るということではないか」「電源を入れっぱなしにしないということではないか」などという考えが出されるだろう。考えが出されたところで，イラストを示す。ここでピンと来る子が増えるだろう。
　考えがなかなか出ない場合には，ヒントとして，先にイラストを示してもよい。

> 相撲の技と思っているところへ意外なイラストを示し，いったい何だろうという気持ちを高める。
> 保護者にも考えを出してもらうようにする。

> 話し合わせたあと，イラストの説明を示し，少しずつなぞが解けていくようにする。

> 1問目の説明から予想させて，環境問題に関連するのではないかということに子ども自身が気づくようにしていく。

イラストから技を考える

　次は，イラストから技の名を予想させる。
　まず「突き出し」のイラストを示して発問する。

③この技は，何でしょうか。

　思いついた技の名を発表させたあと，説明文を示し，さらに技の名を予想

> 問題の出し方を変えてイラストから示して技を考えさせ，興味・関心を持続させる。

第5章 意欲を引き出そう

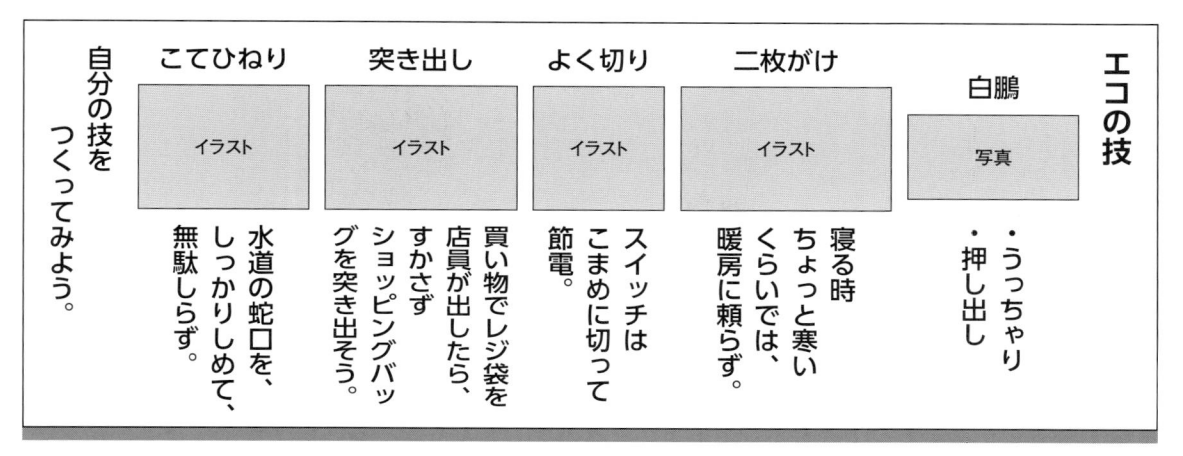

【板書】

エコの技

白鵬
・うっちゃり
・押し出し

二枚がけ
寝る時ちょっと寒いくらいでは、暖房に頼らず。

よく切り
スイッチはこまめに切って節電。

突き出し
買い物でレジ袋を店員が出したら、すかさずショッピングバッグを突き出そう。

こてひねり
水道の蛇口を、しっかりしめて、無駄しらず。

自分の技をつくってみよう。

させる。意見が出尽くしたあと，技の名「**突き出し**」を示す。
「もう1問，挑戦しますか」と挑発して，次のイラストを示し，同じように展開する。予想を出させたあと，「こてひねり」であることを知らせる。「こて」というのは，手であることを説明し，手をひねって水道の蛇口を閉めているから「こてひねり」と名付けられたことを確認する。学年によっては，子どもから，このような考えが出されるだろう。

> 挑発することによって，技を考えようとする意欲を高める。

家庭で取り組みたい技を選ぼう

「はっけよいエコライフ」を配付し，読む時間を少しとる。
④**自分の家で取り組みたい技を3つ選んで○をしましょう。**
どの技を選んだか挙手させ，何人かに理由を発表させる。
「こてひねり」「よく切り」「突き出し」などが多いだろう。

> 資料は保護者にも配付し，3つ選んでもらう。保護者にも選んだ理由を発表してもらい，子どもの考えとの一致やズレを楽しめるようにする。

技をつくろう！

琴欧洲の写真を示して，言う。
「琴欧洲は，『まずは身のまわりのことから取り組んでみませんか』と，みんなに挑戦しています」
⑤**自分だったら，どんな技をつくりますか。**
ヒントとして，「使えそうな相撲の技一覧」を示す。3つの技を考えさせたあと，グループで発表させる。その後，「これは，いい技だ！」といえるものをグループで1つ選ばせて短冊に書かせ，発表させる。
短冊は，琴欧洲の写真を中心にした用紙に張らせて教室に掲示し，継続的な取り組みにいかしていく。ポスターにして，全校にアピールさせてもよい。
最後に授業の感想を書かせて授業を終える。

> 例をもとに自分の技を考えさせる。よい技を考えている子どもがいたら，さりげなく紹介し，自分でつくるためのヒントにさせる。

> 保護者にも技を考えてもらい，発表してもらう。よい技があったら，大いに賞賛し，さすが保護者だという雰囲気をつくる。

第5章 06

脳のクセを知らせて行動を変えよ！

あなたは公平ですか

低学年／中学年／高学年

脳のクセを知る

自分がなぜそのような言動をしてしまうのか，自分ではなかなかわからない。しかし，脳科学や心理学の研究成果をもとに脳のクセを知れば，「なるほどそうだったのか」と納得することができる。そこから，よりよい言動をするためのヒントを得ることが可能となる。

自分を知るために

おもしろい本を見つけた。
池谷裕二『自分では気づかない，ココロの盲点』（朝日出版社）である。
本の帯には，次の言葉がある。

自分を知って謙虚になれる，最新の「認知バイアス」練習問題

（池谷裕二『自分では気づかない，ココロの盲点』朝日出版社）

この言葉だけで，これは使える，と思った。
誰でも自分のことがいちばんわからない。だからこそ悩むし，他人とつまらないことで揉めたりもする。
では，自分をどうやって知るのか。
その方法の一つが，脳科学や心理学の研究成果を活用するということだろう。科学的な根拠を知ることで，「だからそんな言動をしてしまうのか」という納得を得ることができる。それは，「ではどうしたらいいのだろう」という次につながるヒントを得ることでもある。
池谷さんは言う。

人はみな偏屈です。脳のクセを知れば知るほど，自分に対しても他人に対しても優しくなれます。それがこの本の狙いです。

（前掲書）

考え方の変化を活用する

『自分では気づかない，ココロの盲点』には，30の問題が提示されており，どれもなかなか興味深い。その中から，「自己採点」という項目を取りあげ，授業プランを創ることにした。
この項目では，「公平」を扱っている。
冒頭で「あなたは公平に振る舞っていますか」（①）と問いかけ，それが，中盤では「あなたは『世間の平均』に比べれば，それなりに公平に振る舞っているほうでしょうか」（②）という問いになっている。
これは，おもしろいと思った。
①の問いには，多くの子どもが，公平とはいえないと考えるだろう。誰だって不公平な振る舞いをしたという記憶をもっているからである。
しかし，②の問いには「『世間の平均』に比べれば」という言葉が入っている。「世間の平均」という言葉が入ることで，多くの子どもは，「不公平に振る舞ったことはあるけど，世間の平均に比べればましかも」と考えるだろう。
池谷さんによれば，「ほぼ100％の方が」平均より公平だと答えるという。
①と②で考え方が大きく変わるという事実を目の当たりにすることによって，「公平」について大きなインパクトを与える授業が構成できると考えた。

脳科学や心理学をいかそう

あなたは公平に振る舞っていますか。

↓

あなたは「世間の平均」に比べれば，それなりに公平に振る舞っているほうでしょうか。
(1)平均より公平です。
(2)平均より不公平です。

↓

【科学的根拠】
ほぼ100％の方が
　　　　(1)と答える。

↓

だからこそ，差別やいじめがなくならない。

↓

どんなことに気をつけていけばいいのでしょうか。

↓

公平に振る舞うために！

公平チャレンジカード
・ ・ ・　※子どものアイデア ・ ・

学級に掲示（見える化）して意欲を高めよう！

①いきなり巻き込む

　授業開始と同時に，「あなたは公平に振る舞っていますか」と問いかけ，○か×で判断を迫る。
　核心となる問いをもとに，いきなり子どもたちを授業に巻き込むのである。
　この段階では，ほとんどの子どもは，「公平ではない」という判断をするだろう。誰しも不公平な言動をした覚えがあるはずであり，なかなか○をつけられないからである。
　ここで，多くの子どもが×と考えているという状況をしっかり印象づけたい。

②変化を目の当たりにさせる

　次の重要な問いが，「あなたは『世間の平均』に比べれば，それなりに公平に振る舞っているほうでしょうか」である。
　「世間の平均」に比べれば，という言葉から，多くの子どもは，○をつけるだろう。誰しも平均よりは上と思いたいからである。
　そこで，多くの子どもが，×から○に変わったという事実を板書でしっかりと確認する。
　その後，「ほぼ100％の方が(1)『平均より公平です』と答える」という池谷さんの言葉を紹介する。これは，脳科学や心理学の研究結果であるということも伝える。つまり，この学級だけでなく，世の中の人すべてに当てはまる傾向であることを理解させるのである。

③アイデアを見える化する

　最後に，このような人間の傾向を乗り越えるための方法を子どもたちなりに考えさせ，公平チャレンジカードを作らせたい。学んだ内容を見える化することで，実践への意欲を高めるのである。

授業プラン

06 あなたは公平ですか

ねらい　自分は平均以上であるという人が陥りやすい心理に気づかせ，公平にふるまっていきたいという意識を高める。（4-②公正・公平）

あなたは公平に振る舞っていますか

　授業開始と同時に，次の問いを板書する。
　あなたは公平に振る舞っていますか。（前掲書）

①公平に振る舞っていると思う人は○，公平に振る舞っていないと思う人は×を選んで理由を書きましょう。

　○か×かに挙手させて，人数を板書したあと，少数派から理由を発表させる。
　次のような理由が出されるだろう。
【○派】
・公平ではないこともあるけど，だいたい公平だと思うから。
・兄弟で何かを分けるとき，公平に分けているから。
【×派】
・弟や妹に，つい不公平にしてしまうから。
・自分に都合のよいことばかりしてしまうから。

> いきなり，問いを板書し，○か×かで判断を迫ることによって，全員を授業に巻き込んでいく。

> おそらく，公平ではないという判断をする子どもが多いだろう。ここでは，理由を十分に出させ，②の発問に活用していく。

世間の平均に比べれば

　「脳を研究している池谷裕二さんが，公平について書いている文章を配ります」と言って，次の文章を配付し，範読する。

　あなたは公平に振る舞っていますか。
　もちろん人間である以上，いつも公平に振る舞うことは難しいものです。ときにはエコ贔屓したり，周囲に八つ当たりしてしまうことはあるでしょう。それはあくまで「人間らしさ」の裏返し。
　一方，この世は理不尽です。自由や平等とは名ばかり。差別やいじめ，汚職，詐欺など，暗いニュースがあとを絶ちません。
　そんな陰湿な世の中で，さてあなたは「世間の平均」に比べれば，それなりに公平に振る舞っているほうでしょうか。（前掲書）

②「世間の平均」に比べれば，どうでしょうか。平均より公平だと思う人は○，平均より不公平だと思う人は×を書きましょう。

　○か×かに挙手させて，発問①の人数と比較できるように板書する。①で×と考えていた子どもの中から，○に変わる子どもが結構いるだろう。そこで，×から○に変わった子どもに理由を発表させる。次のような理由が出されるだろう。
・不公平なこともあるけど，平均よりは公平だと思うから。
　「池谷さんの文章には続きがあります」と言って，続きを示す。

　そんなアンケートをとると，次のどちらの答えが多いでしょうか。
　(1)平均より公平です。
　(2)平均より不公平です。
（前掲書）

> 「平均より公平か」と問われることによって，公平ではないところがあると考えた子どもも，平均よりは，と考えるだろう。×から○に変わった理由を十分に引き出したい。

【板書】

> あなたは公平ですか
> あなたは公平に振る舞っていますか。
> ＊世間の平均に比べれば
> 　○人 → ○人
> 　・だいたい公平。
> 　・公平に分けている。
> 　×人 → ×人
> 　・つい不公平にしている。
> 　・自分勝手。
>
> アンケート
> (1) 平均より公平です。→ 一〇〇％
> (2) 平均より不公平です。
>
> 「平均以上効果」
>
> 誰も自分を「不公平な人間だ」と思っていないからこそ、社会から差別やいじめがなくならない。 ←
>
> 気をつけていきたいことは？
> ・自分は不公平かも。
> ・自分に言い聞かせる。
> ・誰かに聞く。
> ・注意し合い、素直に受け入れる。

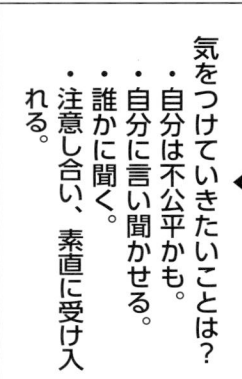

③(1)と(2)のどちらが多いと思いますか。
　(1)を選ぶ子どもが多いだろう。
　そこで言う。
　「ほぼ100％の人が(1)と答えるそうです」

> 「ほぼ100％」というデータを知らせることによって、大人でも同じように考えていることを強く印象づける。

④この結果をどう思いますか。
　となり同士で考えを交流させたあと，発表させる。
　・人は誰も自分を悪く思いたくない。
　・自分は公平だと思い込んでいる人が多い。

「平均以上効果」

「池谷さんの話の続きを読んでみましょう」と言って，次の文章を示す。

　ほぼ100％の方が(1)と答えます。つまり，ヒトは自分のことを不公平だと考えていないのです。これは「平均以上効果」と呼ばれます。
(前掲書)

⑤池谷さんは，「平均以上効果」には注意が必要です，と言っています。どうしてでしょうか。
　考えを発表させたあと，池谷さんの言葉を示す。
　誰も自分を「不公平な人間だ」と思っていないからこそ，社会から差別やいじめがなくならないのですから。
(前掲書)
　この言葉を音読させたあと，発問する。

> ⑤は少し難しい発問であるが，ねらいに迫る重要な部分なので，発言できる子どもの考えをもとに，どういうことなのかを少しでも学級全体に広げておく。

⑥これから私たちは，どんなことに気をつけていけばいいでしょうか。
　ノートに書かせて発表させる。
　・自分は不公平をしているのではないかと振り返るようにする。
　・人間は公平だと思っていても不公平になっているということを自分に言い聞かせる。
　・自分は不公平になっていないか誰かに聞いてみる。
　・注意し合って，素直に受け入れる。
　最後に授業の感想を書かせて授業を終える。

> 自分は平均以上だと考えてしまう人間の心理を，どう乗り越えていけばいいか，具体的な方法を出させる。出された方法をもとに，公平チャレンジカードを作成し，掲示して活用していく。

第5章 07 してあげる幸せ

新たな行動のものさしで刺激せよ！

低学年 / 中学年 / 高学年

> **新たな行動のものさしを示そう！**
> 今まで自分がもっていなかった新たな行動のものさしを知ると，大きな刺激を受ける。そして，そのものさしに対して，「なるほどそんな考え方があったのか」という深い納得を得られたら，行動が少しずつ変わりはじめる。

幸せの種類

鍵山秀三郎さんの言葉には，ハッとさせられることが多い。

「してあげる幸せ」もそうであった。

それまで，幸せに3つの種類があることなど，考えもしなかった。

その3つとは「してもらう幸せ」「できるようになる幸せ」「してあげる幸せ」である。

鍵山さんは，「してあげる幸せ」がいちばん大切だという。それは，「どんどん人生はよくなっていく」からである。

なぜ「人生はよくなっていく」のだろうか。

鍵山さんは次のように言う。

どうしてよくなっていくかというと，この「(して)あげる」幸せのできる人の周りには，非常に善良な，「人のいい」人たちが集まってきて，そのいい人たちと人生を送ることができるようになるからです。

（鍵山秀三郎『あとからくる君たちへ伝えたいこと』致知出版社）

この考え方について，子どもたちと学びたいと思った。道徳の授業づくりでは，このように教師自身が，「なるほど」と思った素材を活用することが大切である。教師が感動していない内容に子どもが感動することはないからである。

事例と関連づける

この素材で授業づくりをするときの重要なポイントは，「してあげる幸せ」という新しいものさしを印象づけることである。

「してあげる幸せ」の事例の1つとして活用したいと考えたのが，同じ宮崎県内に住む小学生碇山響くんの新聞の投稿（150ページに掲載）だった。

碇山くんは，次のように書いていた。

> 次も人の役に立つことをいっしょうけんめいやってこの達成感を味わいたいなと思いました。

（碇山響「そうじをして心もきれいに」宮崎日日新聞2006年1月27日）

これも「してあげる幸せ」を感じている典型的な事例である。しかも，自分たちと同じ普通の小学生である。

学級に，人のためにがんばっている子どもがいれば，ぜひ取りあげたい。

校長をしていた頃，新燃岳という火山が噴火して火山灰が降り積もる日が続いたことがあった。その灰を昼休みに人知れず掃除していた5年生がいた（写真）。このような行為も，まさに「してあげる幸せ」の事例である。

身近な人物の事例は，新しいものさしのよさを感じさせるのに，効果的である。

昼休みに掃除していた子ども

新しいものさしの実践者を活用しよう！

①新しいものさしに出会う

　新しいものさしに出会わせるためには，これまでのものさしを確認する必要がある。そこで，「幸せだなと思うのはどんなときですか」という問いかけをする。ほとんどの子どもは，「何かをしてもらったとき」「何かができたとき」「欲求を満たされたとき」というこれまでのものさしで考えた意見を出すだろう。これらを十分に出させたところで，「してあげる幸せ」という新しいものさしを提示する。
　自分がもっていなかったものさしに出会った子どもたちは，「どういうことだろう」という疑問をもつことになる。

②新しいものさしを検討する

　新しいものさしと出会えば，子どもが納得するというわけではない。そのものさしをどう受け止めるかを考えさせることが必要である。思考をくぐらせることによって，より深いところで受け止めることになるからである。
　そこで，次の問いをする。「鍵山さんの意見に納得できましたか」。納得できたら○，納得できなければ×を書かせて判断を迫るのである。
　検討するなかで，子どもなりの納得できる考えが出され，それが学級に波及する。

③新しいものさしを実践している人

　納得した新しいものさしを，自分の行動の指針とするために重要な役割を果たすのが，具体的な事例である。ここでは，身近な存在である小学生の事例を活用することによって，自分にもやれそうだという気持ちを高める。

【資料】「『してあげる』幸せ」

「してあげる」幸せ

　三番目が一番大事ですが、皆さんがお父さんやお母さんから何か頼まれて、それをやってあげると、お父さんやお母さんは非常に喜びます。あるいは、友達に何かしてあげると、友達が喜ぶというふうに、「何かをしてあげる」と、人がとても喜びます。
　そして、人が喜んだ姿、喜んだ顔を見たときに、自分が幸せになります。これがもっとも大事な幸せです。いつも人に何かをしてもらわないと幸せになれない人、それから、自分さえできればいいという考え方のような人では駄目で、人に「何かをしてあげる」幸せが大事だということです。
　この三番目の幸せを感じるようになると、どんどん人生はよくなっていきます。どうしてよくなっていくかというと、この「（して）あげる」幸せのできる人の周りには、非常に善良な「人のいい」人たちが集まってきて、そのいい人たちと人生を送ることができるようになるからです。だから、どんどん人生がよくなっていくんです。

（鍵山秀三郎『あとからくる君たちへ伝えたいこと』致知出版社）

授業プラン

07 してあげる幸せ

ねらい　幸せの中でも「してあげる幸せ」がいちばん大切であることに気づき，誰かが喜ぶことをしてあげたいという気持ちを高める。　（2-②思いやり・親切）

幸せだと思うとき

　授業開始と同時に笑顔の写真を示す。

①この写真を見て思ったことは何ですか。
　・楽しそう。
　・何かいいことがあったのかな。
　・幸せそう。

「先生もこの笑顔を見て『幸せそうだな』と思いました」と言って発問する。

②幸せだなと思うのはどんなときですか。
　・おいしいモノを食べたとき。
　・ほしいモノを買ってもらったとき。
　・○○ができたとき。

というような意見が大半を占めるだろう。

> 子どもの考える幸せの中身を具体的に出させ，次の分類につなげる。

3つの幸せ

　代表的な意見を3つずつ板書してA～Fの記号をつける。

③A～Fを2つに分け，理由も書きなさい。
　分類できたところで考えを発表させる。
　どちらに分けるか迷うような事例が出た場合には，意見を出させて，分類の視点に気づかせるようにして，④を考えるときのヒントとなるようにする。

④それぞれのグループに「○○な幸せ」という題名をつけましょう。
　それぞれの考えを発表させたあと，次の言葉でまとめて板書する。
　してもらう幸せ
　できるようになる幸せ

⑤実はもう1つの幸せがあります。どんな幸せでしょう。
　難しいと思われるのでとなり同士で話し合わせてから発表させる。
　なかなか出ない場合は，教師が示す。
　してあげる幸せ

⑥してあげる幸せとはどんな幸せでしょう。
「誰かに何かをしてあげて喜ばれること」という意見が出るだろう。
「してあげる幸せ」の事例が出されている場合には，④で幸せの題名をつけたあとに発問する。

⑦いちばん大事なのは，どの幸せだと思いますか。
　1つを選ばせて理由を書かせる。
　挙手で人数を確認し，少数意見から理由を発表させる。
「してあげる幸せ」がいちばん多いだろう。

> もし「してあげる幸せ」が出た場合にはそれも選択肢に入れて3つに分けさせる。

> 分類させることによって，幸せにもいくつかの種類があるということに気づかせる。

> 理由を出させて話し合わせることによって，幸せにもレベルがあることに気づかせる。

第5章 意欲を引き出そう

【板書】

```
[子どもの笑顔の写真]    楽しそう。
                    うれしそう。

A 算数ができたとき
B ○○を買ってもらったとき
C おいしいものを食べたとき
D 本を読み終わったとき
E 目標を達成したとき
F どこかに連れて行ってもらったとき

してあげる幸せ
してもらう幸せ B・C・F
できるようになる幸せ A・D・E

[鍵山秀三郎さんの写真]
鍵山秀三郎さん  どんどん人生がよくなる。

納得できる人
納得できない人

碇山くん 次も人の役に立つことをいっしょうけんめいやってこの達成感を味わいたい。
この学級にも！
[写真]
```

してあげる幸せ

鍵山秀三郎さんの写真を示す。
「この人は，鍵山秀三郎さんと言って，『3つの幸せ』についていろいろなところで話をしたり，本に書いたりしている人です」と言って読み物資料にした鍵山さんの話「『してあげる』幸せ」（147ページに掲載）を配付して範読する。

⑧**鍵山さんの意見に納得できましたか。**

納得できると思ったら○，納得できないと思ったら×をつけさせて意見を発表させる。ほとんどの子は○をつけるだろう。

納得できないという意見が出た場合には，その理由を言わせ，話し合わせる。

納得できないままの子が残ったとしても，「学級の大半の人は納得したということですね」と言って次に進む。

> 教師のよいと思う考えを押しつけるのではなく，子ども自身が納得できるかどうかを大切にする。

「してあげる幸せ」を実践している人

「新聞にある小学校の6年生（碇山響くん）の意見が載っていました。碇山くんは，『してあげる幸せ』を感じているかどうか考えながら聞いてください」と言って資料「そうじをして心もきれいに」を読み聞かせる。

その後「目を閉じてください」と言って発問する。

⑨**この学級には，碇山くんのような人がいるでしょうか。**

「そのような友だちを思い出したら手をあげましょう」
静かに目を開けさせたあと，授業の感想を書かせて授業を終える。

> 自分たちと同じ小学生でも同じように「してあげる幸せ」を実践していることに気づかせ，意欲を高める。

> 学級内にもいることに気づかせて，さらに実践意欲を高めていく。

【資料】「そうじをして心もきれいに」

そうじをして心もきれいに

広瀬小6年　碇山　響

いつも、昼休みが終った後はそうじです。ぼくがそうじしているところは職員室です。いつもしずかにしていて、息がつまりそうです。でもそうじをしていてほめられるとうれしくなり、心のようにはいっしょうけんめいしめいした人だけがこれもおちそうです。

先日は教頭先生とよごれがおちないところをいっしょうけんめいこすりました。こすっただけき

れいになります。手がすう。すごく助かったよ」とごくつかれました。でもとおっしゃいました。すぼくはがんばってこすりるとてもうれしくなっました。いつの間にか時て、次も人の役に立つこ間がすぎていき、やっととをいっしょうけんめいきれいになったところやってこの達成感を味わをみると、達成感を味わいたいなと思いました。いました。先生が言って
「なにかをいっしょ　　（宮崎市佐土原町）
うけんめいしてやりとげたときには、いっしょけんめいした人だけがばらしい達成感を味わえる」。それはこのことだと思いました。
教頭先生が「ありがと

（宮崎日日新聞 2006年1月27日，宮崎日日新聞社提供）

授業プランの記事・書籍等一覧

1-1 「90歳の今も同窓会」（宮崎日日新聞 2011年3月9日）
1-2 「わたしの刈谷展」（2011年3月10日）
1-3 『もったいないばあさん』（真珠まりこ作・絵，講談社）
1-4 「GIFT」（桜井和寿作詞・作曲）
　　「くろしお」（宮崎日日新聞 2010年2月15日）
　　『やさしく，強く，そして正直に』（上村愛子著，実業之日本社）
1-5 トイレで発見した張り紙
1-6 『MODESTY』（伊集院静著，ランダムハウス講談社）
　　『不動心』（松井秀喜著，新潮新書）

2-1 「公共の場におけるモラル・マナー」向上ポスター（愛知県教育委員会）
2-2 4コママンガ（鈴木詩織）
　　『江戸しぐさから学ぼう 第2巻人に対しての思いやり』（秋山浩子文，伊藤まさあき絵，汐文社）
2-3 『てとてとてとて』（浜田桂子作，福音館書店）
2-4 「ことば巡礼」（秋庭道博，宮崎日日新聞 2010年2月17日）
2-5 「その気持ちをカタチに。」（ACジャパン）
2-6 「落合務 日本一予約がとれない店の秘密」『仕事学のすすめ』（NHK，2012年11月1日放映）
2-7 「ごみには人柄が表れる」（佐藤裕彦）

3-1 鳥取県琴浦町での大雪の日の出来事（2011年1月1日）
3-2 「95歳で陸上100メートルの世界新記録を樹立した原口幸三さん」（宮崎日日新聞 2005年6月20日）
　　「人生，なんどでも挑戦できる」（『PHP』2010年1月号）
3-3 「黄色い旗は，元気のしるし。」（ACジャパン）
3-4 『からだ大冒険』（戸次吏鷹文，菅野泰紀絵，クリエイツかもがわ）
3-5 『やさいのおしゃべり』（泉なほ作，いもとようこ絵，金の星社）
3-6 「人柄がにじむ朝のあいさつ」（早川洋，宮崎日日新聞 2010年6月18日）
3-7 『国境なき医師団：貫戸朋子』（NHK「課外授業ようこそ先輩」制作グループ編，KTC中央出版）

4-1 「活躍の願い高々 相撲のぼり岐阜で製作」（中日新聞 2012年6月9日）
4-2 「松岡修造の名言」（松岡修造ホームページ）
4-3 『ペイフォワード』（ワーナー・ブラザース・ホームエンターテイメント）
4-4 「『捨てる世紀』で終わるんですか。」「『捨てる世紀』から『活かす世紀』へ。」（ACジャパン）
4-5 片岡球子さん，阿部知暁さん
4-6 「最近あなたは，『いただきます』を言いましたか？」「『いただきます』を忘れていませんか？」
　　（みやざきブランド推進本部）

5-1 「うれしいね，まちいっぱいの親ごころ。」（ACジャパン）
5-2 「天声人語」（朝日新聞 2010年9月21日）
　　『エコロジカル・フットプリント・レポート 日本2009』（WWFジャパン）
5-3 「くろしお」（宮崎日日新聞 2009年8月5日）
　　『幸せを運ぶタクシー』（今井泉著，ダイヤモンド社）
5-4 『成功の教科書』（原田隆史著，小学館）
5-5 「はっけよいエコライフ」（ACジャパン）
5-6 『自分では気づかない，ココロの盲点』（池谷裕二著，朝日出版社）
5-7 「『してあげる』幸せ」『あとからくる君たちへ伝えたいこと』（鍵山秀三郎著，致知出版社）
　　「そうじをして心もきれいに」（碇山響，宮崎日日新聞 2006年1月27日）

著者紹介

鈴木健二（すずき・けんじ）
1957年，宮崎県生まれ。公立小学校教諭，埋蔵文化財センター主査，教育事務所指導主事，公立小学校教頭，校長を経て，現在，愛知教育大学教育実践研究科教授。日向教育サークル代表。
子どもが考えたくなる，実践したくなる道徳授業づくりには定評があり，全国各地で講演を行う。
主な著書に『道徳授業づくり上達10の技法』（日本標準）など。

JASRAC 出 1408418-401

必ず成功する！
新展開の道徳授業

2014年8月10日　第1刷発行

著　者　鈴木健二
発行者　山田雅彦
発行所　株式会社 日本標準
　　　　〒167-0052　東京都杉並区南荻窪3-31-18
　　　　電話　03-3334-2653〔編集〕
　　　　　　　042-984-1425〔営業〕
　　　　URL　http://www.nipponhyojun.co.jp

カバー・本文デザイン／タクトシステム株式会社
印刷・製本／株式会社 リーブルテック

ISBN　978-4-8208-0577-9

Printed in Japan
＊乱丁・落丁の場合はお取り替えいたします。
＊定価はカバーに表示してあります。